JN084907

INTRODUCTION

TO

MANAGEMENT

NEW ERA

新時代の
経営入門

進化するマネジメント

Evolving Business Concepts

崔 英靖／山崎正人／折戸洋子

編著

晃洋書房

巻 頭 言

株式会社伊予銀行　取締役頭取

大塚 岩男

　私たちを取り巻く環境は，人口減少や少子高齢化の急速な進行，企業の海外進出の加速や外国人観光客・労働者の増加といったグローバル化の一層の進展，ＩｏＴやＡＩ，５Ｇといった最先端のデジタル技術の急速な発展など，かつてないスピードで変化が進んでいます．とりわけ私たちの地域経済においては，全国に先駆けて人口減少や少子高齢化が進んでおり，今後そのテンポはますます加速することが見込まれています．また，大都市圏と地方圏との地域格差が拡大し，二極化がさらに進むことも予想されています．

　こうしたなか，「潤いと活力ある地域の明日を創る」を企業理念として掲げ，地域に密着し，地域と共生する伊予銀行にとって，地域の活性化は最優先して解決すべき課題となっています．

　そのため，当行では従来から地域経済の活性化に向けたさまざまな取組みを進めています．2019年7月には，「いよぎんＳＤＧｓ宣言」を発表し，その中で「地域経済の発展と地域振興に向けた取組みを拡充し，お客さまの豊かな暮らしと事業の発展に貢献します」と宣言いたしました．具体的には，水産業の活性化に向けた「水産業創生ファンド」の組成や，関連会社のいよぎん地域経済研究センター（ＩＲＣ）による次世代若手経営者育成のための「ＩＲＣニューリーダーセミナー」の開催，観光振興による交流人口の拡大に向けた「せとうち観光活性化ファンド」の組成などに取り組んでいるところです．

　これらの取組みの一環として，2016年4月に「新たな価値の創生を通じて地域活性化のあり方について教育・研究すること」を目的として，愛媛大学社会共創学部に「社会共創学寄附講座」を設置させていただきました．本講座によって地域経済に関する議論や理解が深まり，また，地域に精通した優秀な人材が育成されることで，地域の活性化に貢献できればと願っております．

　さて本書は，将来を担う大学生や高校生に向けた，経営の基礎や考え方を学

ぶための教科書であります．執筆にあたっては，それぞれの専門家の先生が，長年にわたる研究の成果を余すことなく披歴され，経営の基礎から始まって，企業の経営資源の内容やマネジメントのあり方，ビジネスモデルやサプライチェーンの理解，ビジネスにおける成功パターンなど，多種多様なテーマに関して分かりやすく丁寧な解説がなされています．そのため，変化のスピードが速く不確実性の高い環境下でも活用することができる，タイムリーかつ実践的な内容となっています．

　また本書には，私たちの地域に山積するさまざまな課題を解決するための糸口や示唆が随所に散りばめられています．社会共創学部の学生の皆さまはもちろんのこと，地域社会のステークホルダーの皆さまにとっても，今後の指針となるテキストとして，極めて有益な内容になっているのではないかと確信している次第です．

　最後になりますが，本書で経営学を学んだ学生の皆さまの中から，地域の将来を担うリーダーが数多く輩出され，地域経済がますます活性化することを念願いたしまして，発刊のご挨拶といたします．

は じ め に

　近年，「VUCA」という，Volatility（変動性），Uncertainty（不確実性），Complexity（複雑性），Ambiguity（曖昧さ）の頭文字をまとめた造語がよく使われるようになりました．これは1990年代の軍事用語がビジネスの領域でも使われるようになったもので，現在および将来の環境変化が激しく，予想できないという見方を意味しています．VUCAの環境では事前の計画や結果の予想が困難なため，過去のやり方の繰り返しは有効でなく新しいやり方が求められている，という文脈で使われます．

　本書は大学・高校生や初学者が経営の基礎について学ぶための教科書です．経営とは何かというと，ここでは「目的を達成するために何かをすること」としておきましょう．教科書では「今までにない斬新な考え・やり方」よりも「これまでに実績のある考え・やり方」を重視して説明することが一般的なので，本書の内容は経営について実績のある考え・やり方が中心になっています．しかし，新しいやり方が求められるVUCAの時代にこのような教科書で学ぶ意味はあるのでしょうか．

　本書の筆者らは2016年にも経営に興味のある初学者を対象とした教科書（『ここから始める経営入門』）を執筆し，最終章で経営の対象と関係する学問領域として「自然」「個人」「制度」を挙げました．VUCAの時代であっても自然法則は不変かつ普遍であるのに対して，個人の行動の根源にある心理は昔から人それぞれ違ううえに常に変化しています．一方，組織メンバーの行動パターンや従うべきルールである制度は個々人の心理に比べると共通性があるものの，自然法則と違って状況に応じて変更されます．つまり，これまでも経営は常に変化する環境の中で行われており，その中で成功を求めた結果として，そのパターンが蓄積・模倣されたり，社会全体の効率向上のために多くの人間が従うルールやそれを組み入れた制度になったりしました．これらの成功パターンやルールの制度設計は特定の条件を前提としており，その前提条件が変われば無効になるかもしれませんが，その適用範囲や限界，さらには有効に機能するメカニズムを理解することは変化する環境において新しいパターンを確立するための

大きな力になることでしょう．このような考え方に基づいて，本書は前書の目的とコンセプトはそのままに，経営の初学者に向けた経営の基礎的なルールや考え方，典型的なパターンなどを説明します．

　本書の前半では経営の前提となるルールと経営資源についての説明として，第1章で経営の基礎として知っておきたい企業，事業，経営資源の意味，さらには産業の構造などを，第2章で目的達成手段としての企業とそれに影響を与える要因を，第3章で企業に関連する法律および制度の変化を取り上げます．それらをふまえて，第4章では経営資源の中でも「ヒト」に注目し，企業におけるマネジメントと組織の境界を取り上げた上で，近年重要性を増している労働契約についての補論を加えています．続く章では経営資源としての「カネ」に注目し，企業活動を記録する簿記・会計を第5章で，証券投資とその際に重要な概念であるリスクを第6章およびその補論で取り上げます．

　本書の後半では現在の成功パターンをビジネス・モデルという観点で整理できるように，第7章でビジネス・モデルと各種の経済性や収益性の関係を説明し，その後の各章は生産や流通における成功パターンとして，第8章で生産システムの変遷とサプライチェーンを，第9章で私たちの生活に身近なチェーンストアの仕組みを取り上げ，企業の活動に価値を見出す消費者の意思決定を分析する消費者行動論を第9章の補論として加えています．第10章ではコンビニエンスストアの仕組みと変化を，第11章ではこれも実は身近な情報財を活用したビジネス・モデルとその背景を取り上げ，最後の第12章では，これらの環境と企業の変化を受けて，今後の産業レベルでの変化の特徴とビジネスの未来について検討します．

　本書を完成させるにあたり，タイトなスケジュールの中で本書の完成を丁寧にサポートしてくださった晃洋書房の西村喜夫氏，そして，本書の発刊のために力を尽くしてくださったすべての関係者の皆様に，この場を借りて厚く御礼申し上げます．本書の作成プロセスに関わってくださったすべての皆様のお力とご支援によって，本書を発刊することができました．本当にありがとうございました．

　2020年1月吉日

　　　　　　　　　　　　　　　　　　　　　　　　編 者 一 同

第1章

経営の基礎的理解

はじめに

「経営（management, administration）」とは何でしょうか．参考までに，『広辞苑』には，「継続的・計画的に事業を遂行すること，会社・商業など経済的活動を運営すること」（新村編，2018: 892）と書かれています．本章では，上記をふまえつつ，企業（会社）全体のレベルであれ，個別の事業のレベルであれ，ビジネスを継続させるために必要になるさまざまな取り組み全般のことを，「経営」と理解しておくことにします．ただし，現代社会においては，NPO（非営利組織）や自治体などのように，ビジネスを第一義的目的としているわけではない組織の持続的運営についても，「経営」の範疇に含めて理解することが多くなっています．

本章では，とくにことわりのない限り，企業経営をめぐる議論に限定して経営を理解していくことにします．もちろん，現代社会のあり方を考えるうえで，NPOや自治体の持続的運営に関する議論を理解することの重要性が日増しに大きくなっていることを，無視しようというわけではありません．しかし，それでも，経営をめぐる議論の大多数が，まだなお企業経営をとりまく諸問題を取り扱ったものであることには間違いありません．したがって，現時点においては，企業経営に関する議論を出発点としながら経営を学んでいく方が，やはりわかりやすいのではないかと考えました．

上記のような観点から，本章では，経営，とりわけ企業経営について学ぶための出発点的論点を整理しておくことにします．

1.1 事業あっての企業

　前述のように『広辞苑』によれば、「企業」とは「生産・営利の目的で，生産要素を総合し，継続的に事業を経営すること．また，その経営の主体」（新村編, 2018: 694）と説明されています．つまり，営利を目的とする経済活動を継続的に遂行していくための組織が「企業」です．

　似た言葉に「会社」というものがあります．これは，「営利を目的とする社団法人」（新村編, 2018: 482）のことで，現代の日本においては，会社法に定められた組織（株式会社・合資会社・合名会社・合同会社）を指す言葉として用いられることが多いです．会社もやはり営利を目的とする経済活動を継続的に遂行していくための組織ですし，例外もあるにせよ実際のところ企業のほとんどは会社化されています．したがって，本書・本章においては，とくにことわりのない限り，企業と会社をほぼ同義の言葉として理解しておくことにします．

　企業の利益の源泉は事業（ビジネス）です．ここで「事業」とは「一定の目的と計画に基づいて経営する経済的活動」（新村編, 2008: 1262）のことです．事業はさまざまなレベルで切り取ることができます．「家電事業」，「住宅事業」といった，やや広めのスケールで議論することもできますし，より細かく，例えば「ブラウン管テレビ事業」，「プラズマテレビ事業」，「液晶テレビ事業」といったスケールで議論することもあります．

　何かをつくり出せば自動的に事業が成立するかというと，かならずしもそうはいえません．事業は，企業に継続的に利益をもたらすものでなければ意味がありません．したがって，事業によってつくり出されるものは，端的にいって「売れるもの」でなくてはなりません．企業のつくり出したものは，その性能や品質が社会的に求められる一定以上の水準を満たしていて，価格も適正である場合に初めて「売れるもの」となりえます．また，「売れるもの」をつくり出すことに成功したとしても，そのためにかかった費用（原価）が販売価格を上回るようでは，利益を得ることが難しくなります．

　例えば，ある企業が液晶テレビ事業に乗り出す場合のことを考えてみましょう．消費者の求める性能や品質をクリアしているテレビをつくり出すためには，

消費者ニーズを分析する能力，商品コンセプトを練り上げる能力，さらにそれを形にする能力が求められます．最後の論点に関しては，単に形にするというだけでなく，原価を一定水準以内に抑えることも重要になります．商品のデザイン，原材料の調達，生産ラインの構築，流通網の整備など，さまざまなことを考える必要があります．こうした種々の条件をクリアして初めて，継続的な利益の源泉となる事業が成立します．

　なお，事業は，一般の消費者を顧客とするか，他の企業を顧客とするかによって，二つに分類することもできます．消費者を顧客とする事業は，Business to Consumerの頭文字をとって「BtoC」とよばれています．また，他の企業を顧客とする事業は，Business to Businessの頭文字をとって「BtoB」とよばれています．

　ところで，企業の経営者は，利益を期待できる事業とそうでない事業の取捨選択を，絶え間なく考えなくてはなりません．また，事業の中には，将来的には大きな利益を期待できる一方，当面の間の赤字を甘受しなくてはならないものもあるでしょう．目先の利益だけでなく，中長期的な視点も重要になります．その意味で，企業経営のためには，バランス感覚が重要です．

1.2　顧客あっての事業

　先述したように，事業とは一定の目的と計画に基づいて経営する経済的活動です．ここで「経済的活動」という言葉の意味を，いま一歩掘り下げて考えてみたいと思います．

　「経済的活動」という表現には，モノやサービス（本書では「財・サービス」あるいは「財やサービス」という表現をよく使います）の売り買いを込みにした活動，というニュアンスが含まれています．売り買いである以上，そこにはかならず売り手と買い手が存在します．事業を遂行する企業の側が売り手であり，企業の提供する財・サービスを必要とし，資金を捻出して購入する側が買い手です．財・サービスの売り手である企業の立場から見ると，買い手はお客様，すなわち顧客ということになります．企業が，持続的に存続していくためには，事業によってつくり出した財・サービスを，顧客に販売し，利益を得なくてはなり

ません．その意味において，持続的に活動するあらゆる企業は，それぞれの顧客を持っています．

なお，顧客といっても，事業のタイプによって，最終消費者である場合と企業である場合に大別されます．BtoCに分類される事業の場合には，顧客は一般の消費者です．また，BtoB事業の場合であれば，顧客は事業遂行主体とは別の企業ということになります．いずれにしても，企業は事業活動によってつくり出した財・サービスを顧客に販売することによって，利益の獲得をめざします．

とはいえ，上記のように説明することは簡単でも，実際に顧客に必要とされる財・サービスをつくり出すことには困難がつきまといます．そのために，企業は，自らが保有する経営資源をうまく組み合わせて，事業を設計していくことになります．

1.3 4種類の経営資源

経営資源とは何でしょうか．厳密にいえば，経営のために役立つものすべてが経営資源ということになります．ただし，それらの内，主要なものはヒト・モノ・カネ・情報の4種類に整理できます．

ヒトとは，企業の保有している人材のことで，端的にいえば社員ないし従業員のこととして理解可能です．企業内部の人材をどの事業に割り当てるかどうかは，経営を考えるうえで非常に重要な問題といえます．多くの優秀な社員を事前に採用しておかなくては，そもそも適材適所の人材配置を考えることそれ自体が難しくなります．したがって，あらゆる企業にとって，採用人事は重大な関心事といえます．

モノとは，企業が事業活動を通してつくり出す製品やサービス（財・サービス）のことです．また，それらをつくり出すための設備や社屋，さらには土地なども，ここでいうところのモノに含めて理解することができます．

カネとは，文字通り資金のことです．また，株式や債券などのような有価証券も，容易に資金に変換することができます．つまり，有価証券は換金性が高いのです．したがってこの種の資産も，ここでいうカネに含めて考えることが

できるでしょう.

　上述した経営資源の内, ヒトとモノは物質的な実体をもっています. また, カネも基本的には実体をもったものとして理解可能です. つまり, ヒト・モノ・カネは有形の資源とみなされます. これらに対して, 四つめの経営資源である情報は, 物質的な実体を持たない無形の資源です. 経営的意思決定のためには, 市場動向, 顧客データ, 在庫状況などのような種々の情報が必要になります. こうした情報の重要性を軽視すると, 肝心なところで判断を誤りかねません. したがって, 多くの企業は, 意思決定のために必要な情報の収集と分析に力を入れています. また, 企業が独自に保有している技術, ノウハウ, 知的財産, さらには対外的に獲得している社会的信用 (信頼) なども, ここでいうところの情報資源に含めて理解することがあります.

　企業は, ヒト・モノ・カネ・情報等の経営資源を, うまく組み合わせながら事業を設計します. また, 四つの経営資源それぞれの間の関係を理解しておくことも重要です.

　例えばカネ (資金) を効果的に活用することで, 他の3種の経営資源を増強することができます. 事業を推進するために必要な人材が不足しているのであれば, 予算枠を確保し, 社員を新規採用することになります. あるいは, 人材派遣会社と契約し派遣社員を雇うこともできるでしょう. いずれの場合も, カネをヒトに変換しているわけです. また, カネを用いて, 事業を推進するために必要な設備 (機械・工場など) を整えることもあるでしょう. この場合はカネをモノに変換していることになります.

　経営的意思決定の根拠となる情報を収集するためにも, カネが必要になります. まず, 外部の調査会社から情報を購入する場合を考えてみましょう. この場合は, カネを直接的に情報に変換していることになります. また, 情報の収集と分析が得意な社員を社内で育成すれば, 質の高い情報の確保が可能になります. この場合, カネ→ヒト→情報という2段階の変換プロセスが想定されます. さらに, カネ→モノ→情報の変換プロセスを想定することもできます. 例えば, コンビニエンスストアは, POSシステムを整備することで, 一つ一つの商品の売れ行きや在庫状況に関する質の高い情報を収集することに成功しました (POSシステムについては第10章参照). このように, カネは, 他の経営資源への

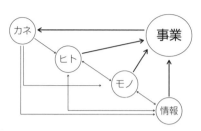

図1-1　経営資源と事業
（出所）筆者作成

変換の容易さという意味において，高い汎用性を持っています．

　ヒト（人材）もまた，カネにも増して重要な経営資源といわれています．上述したように，カネを使ってヒトを確保することはできますが，確保した人材が事業の最前線で活躍できるようになるためには，少なからぬ時間が必要になります．例えば，勤続年数30年の社員が退職したあとの穴を，新人が埋めることは，多くの場合難しいでしょう．その意味において，人材は容易に取り替えのきくものではありません．「企業は人なり」という言葉もあるように，企業経営の現場で，ヒトという経営資源の重要性が広く認識されている背景には，上記のような事情があります．

　品質の高い商品（モノ）をつくり出すためには，優秀な人材（ヒト）が必要です．また，工場などの設備（モノ）のメンテナンスを考えるうえでも，知識やスキルをもった人材（ヒト）が不可欠です．いずれの場合も，ヒトをモノに変換していることになります．なお，研修施設（モノ）を整備することで，人材（ヒト）育成に結びつけている企業もあります．さらに，商品（モノ）の製造それ自体が，社員（ヒト）の経験値を高める側面もあります．したがって，ヒト→モノとは逆に，モノ→ヒトの変換プロセスを想定することもできます．

　また，消費者ニーズ（情報）を把握するためには，その分析に長けた人材（ヒト）が必要です．この場合，ヒト→情報の変換プロセスが存在していることになります．逆に，優秀な人材を採用するためにはそれ相応の情報が必要になりますから，情報→ヒトの変換プロセスを想定することもできます．

　モノと情報の間の関係も双方向的といえるかもしれません．POSシステムなどのような設備（モノ）を整えることで，質の高い情報を獲得可能であること

は先述したとおりですが，逆に，費用対効果の高い設備を整えるためには，購入する機材・備品の品質や性能に関する情報が必要です．したがって，情報→モノの変換プロセスも想定できることになります．

このように，四つの経営資源相互の関係は複雑ですが，大ざっぱに整理すれば，カネを原資としつつ，ヒト・モノ・情報をうまく確保し，それらを事業に投入する流れをイメージできます（図1-1参照）．そして，事業活動をとおして獲得した利益が，カネとして再び経営資源化されることになります．

ところで，企業は事業のために投下できる経営資源を無限に保有しているわけではありません．例えば，事業のための資金を100万円しか持っていない企業が，液晶テレビ事業に新規参入することは難しいでしょう．また，仮に潤沢な資金力を保有していたとしても，例えば，それまで造船事業で実績をあげてきた企業が，いきなり液晶テレビ事業に新規参入することは難しいでしょう．その企業はおそらく，液晶テレビを生産するための人材・設備・ノウハウを保有していません．さらに，多角化路線で，多くの事業を同時展開してきた企業が，業績の悪化や人材不足によって，いくつかの事業分野から撤退することもあるでしょう．いずれの場合も，経営資源の有限性という観点から説明することができます．

1.4 産業に関する基礎的論点

家電事業を推進しているA社があるとします．また，A社だけでなく，B社やC社も家電事業に力を入れているとします．この場合，A，B，Cの3社は共に家電産業（ないし家電業界）を構成していることになります．このように，類似する事業を営む複数の企業によって構成される活動領域のことを，「産業」といいます．例えば，家電産業，住宅産業，半導体産業などをイメージしてみるとわかりやすいでしょう．

なお，いくつかの産業に同時に所属する企業もある点には留意が必要です．例えば，日本を代表する電機メーカーの一つであるパナソニックは，家電事業だけでなく，住宅事業にも取り組んでいます（詳しくはパナソニック株式会社ウェブサイトを参照してください）．同社を，住宅産業を構成する重要な企業の一つとみ

なすこともできるのです．

　一定の同質性を有する産業群をグループ化し，分類することもあります．代表的なものとして，第一次産業・第二次産業・第三次産業の3分類を挙げることができます．第一次産業とは，農業・林業・水産業などのように，自然界にはたらきかけて，有用性のある自然物を直接採取する産業のことです．第二次産業とは，第一次産業の採取した自然物を加工し，人工物を生産する産業のことであり，典型例は製造業や建設業です．また，通常，鉱業や電力業なども第二次産業に含めて理解されることが多いです．そして，第一次産業にも第二次産業にも分類されない産業のことを，第三次産業とよび，小売業やサービス業がその典型例とされます．

　上記の3分類よりも細かな分類として，各種統計の分類基準を統一するために国が定めている「日本標準産業分類」にも触れておきたいと思います（表1-1を参照）．これは，4段階の階層（大分類・中分類・小分類・細分類）からなる網羅的な分類手法です．本章の議論との兼ね合いからは，20種類ある大分類と99種類ある中分類が重要でしょう．ビジネスの領域で「○○産業」と表現する場合，「日本標準産業分類」の大分類および中分類に相当するスケール感の議論と考えて，ほぼ問題ありません（より細かく確認したい場合は，総務省のウェブサイトを参照してみてください）．

　私たち消費者は，日々，さまざまな商品を購入して生活しています．日々の食卓を彩る食材は，肉・魚・野菜といった生鮮食品であれば基本的には第一次産業の担い手が，また，加工食品であれば第二次産業の担い手が生産したものと理解できます．文房具，衣類，生活雑貨などのような工業製品も，第二次産業の担い手によって生産されたものです．しかし，私たち消費者は，多くの場合，これらの商品を生産者から直接購入していません．むしろ，第三次産業の担い手である小売業者から購入することの方が多いのではないでしょうか．また，私たちがレストランなどの飲食店で外食する場合，第一次産業や第二次産業のつくり出した商品を活用しながら営業活動を行う飲食サービス業者からサービスを購入していることになります．さらに，放送業，出版業，広告業などは，第一次産業や第二次産業の生産した商品の価値を提案し，広く発信することが得意です．もちろん，飲食サービス業，放送業，出版業，広告業もすべ

表1-1　日本標準産業分類

大分類		中分類	小分類	細分類
第一次産業	A 農業，林業	2	11	33
	B　漁業	2	6	21
第二次産業	C 鉱業，採石業，砂利採取業	1	7	32
	D 建設業	3	23	55
	E 製造業	24	177	595
第三次産業	F 電気・ガス・熱供給・水道業	4	10	17
	G 情報通信業	5	20	45
	H 運輸業，郵便業	8	33	62
	I 卸売業，小売業	12	61	202
	J 金融業，保険業	6	24	72
	K 不動産業，物品賃貸業	3	15	28
	L 学術研究，専門・技術サービス業	4	23	42
	M 宿泊業，飲食サービス業	3	17	29
	N 生活関連サービス業，娯楽業	3	23	69
	O 教育，学習支援業	2	16	35
	P 医療，福祉	3	18	41
	Q 複合サービス事業	2	6	10
	R サービス業（他に分類されないもの）	9	34	66
	S 公務（他に分類されるものを除く	2	5	5
	T 分類不能の産業	1	1	1
計		20　　99	530	1,460

（出所）総務省および崔（2016: 表1-1）を参考に筆者作成.

て第三次産業に属します．こうした事実から総合的に判断すると，第三次産業は，第一次産業や第二次産業のつくり出した商品が滞りなく消費者のもとに行き渡るための社会的基盤を整えていることになります（崔，2016: 3-4）．第三次産業の存在によって，第一次産業や第二次産業は，生産のために用いた資金を回収しやすくなりますし，また，生産活動に専念することもできるようになります．

ところで，近年，とくに地域づくりの現場で「六次産業」ないし「六次産業

化」という言葉をよく耳にします．六次産業化とは，第一次産業の担い手である農林水産業者たちが，自ら生産した農林水産物の加工（第二次産業的活動）や流通・販売（第三次産業的活動）にも積極的に関与していこうとすることです．第一次産業に第二次産業と第三次産業を掛け合わせて付加価値を生産しようという着想ですので，「1×2×3＝6」と文字って「六次産業」と表現されるようになりました（山口, 2016: 11）．

　ともあれ，六次産業とは，伝統的産業分類（第一次産業・第二次産業・第三次産業）を代替する根本的に新しい産業分類というよりも，むしろ，それらをかけあわせたハイブリットな概念と考えらえます．また，三つの伝統的産業分類相互の垣根が低くなりつつある兆候の一つとしても理解できます．こうした兆候は，製造業の領域にも拡がっています．例えば，アパレル業界で存在感を高めているSPA（Specialty store retailer of Private label Apparel）がそれにあたります．SPAとは，商品の製造から流通・販売までを1社が一貫して行うことで，本章の文脈に照らせば，第二次産業と第三次産業の間の垣根を解消していく動きとして理解できます．SPA業態の代表例としては，ギャップ（GAP），ザラ（ZARA），ユニクロなどが有名です．

1.5　競争関係を意識することの重要性

　企業は，たえず競合他社との競争にさらされています．競争は基本的には同一産業の内部で行われます．例えば，A，B，Cの3社が家電産業を構成している場合，3社は相互に競争し合っていることになります．A社が液晶テレビを生産したとしても，ほぼ同じ品質の液晶テレビをB社が生産しており，なおかつA社よりも安い価格で販売することができるのであれば，多くの消費者はB社の液晶テレビを購入しようとするでしょう．「売れるもの」を生み出すということは，競合他社の商品と比較しても遜色のない品質を有していて，なおかつ，価格も適正な商品を生産するということです．同一産業内の競争関係を意識しなければ，事業を持続的に営むことは難しいのです．したがって，多くの企業は，競合他社の動向や，産業内の競争環境のあり方を常に注視しています．

　産業内の競争環境のあり方や，その中での自社の相対的立ち位置を推し量る指標は多数存在しますが，紙幅の都合から，ここでは市場占有率（市場シェアないしマーケット・シェアともよばれます）のみを紹介しておきたいと思います．市場占有率とは，ある産業（市場）の総売上額に占める，特定企業の売上額の比率です．売上額の代わりに生産量で算出することもあります．市場占有率の高さは，その企業が当該産業内で「売れるもの」をつくり出すことに成功したことの証左でもあります．市場占有率トップ（業界1位）の企業は，多くの場合，競合他社よりも大きな利益をあげています．そして，その利益を再び経営資源化し，ヒト・モノ・情報といった経営資源のさらなる増強を図ることも可能になります．企業は競合他社との間で市場占有率を競い合っているといっても過言ではないでしょう．

　ところで，小売業やサービス業に属する企業は，多くの場合，実店舗を持っています．実店舗は現実空間の中で互いに切磋琢磨しあっています．店舗が顧客を吸引できる地理的範囲のことを商圏とよびます．言い換えれば，商圏とは店舗の販売する財・サービスの到達範囲のことと考えることができます（田村, 2001: 195-196）.

　例えば，コンビニエンスストアの商圏は，一般論としては，店舗の立地点から半径500m（首都圏では300m）以内に収まるとされています（木下, 2011: 56）. それ以上離れた場所に住んでいる消費者が，わざわざそのコンビニエンスストアを訪問しようとは思いませんし，また，多くの場合，もっと近い場所に他のコンビニエンスストアが立地していることでしょう．そして，コンビニエンスストアに限らず，食品スーパーや百貨店，喫茶店や飲食店など，小売業・サービス業に属するあらゆる企業にとって，自店舗が立地する商圏内での競争を勝ち抜くことが至上命題になります．

　ここまで，競争は，基本的には同じ産業に属する企業間で繰り広げられるものとして理解してきました．経営について学ぶための出発点的論点としては，そう理解しておいたので問題ありません．ただし，厳密にいえば，所属する産業が異なる企業間でも競争関係は成立しています．例えば，あなたが液晶テレビとダッフルコートを欲しがっているとします．液晶テレビの価格は8万円，ダッフルコートの価格は5万円でした．しかし，手もとには10万円しかありま

せん．この場合，あなたが液晶テレビを購入するならば，ダッフルコートについてはさしあたり諦めなくてはならず，逆もまた然りです．つまり，液晶テレビを生産している電機メーカー（家電産業）と，ダッフルコートを生産しているアパレルメーカー（アパレル産業）は，所属している産業こそ異なりますが，消費者の限りある資金をめぐって競争していることになります．経営をめぐる議論においては，競争といえば同一産業の内部で生起するものして処理されることが多いですが，実際には，多様な産業に属する多様な企業間の競争関係を想定することもできます．

ま と め

　本章では，企業経営について学ぶための出発点的論点を整理しました．具体的にいえば，企業，事業，顧客，経営資源，産業，競争といった基礎概念について解説してきました．以下，本章の議論を，「誰に」，「何を」，「どうやって」の切り口から振り返ってみたいと思います．

　企業は利益を生み出すための手段として事業を設計します．その際，意識しなくてはならないのは顧客の存在です．顧客のニーズを強烈に意識しながら事業を設計することではじめて，企業は「売れるもの」をつくり出すことができます．ほとんどの事業は，例えば「子育て中の30代女性」，「生コンクリートを必要とする土木業者」などのように，具体的な想定顧客層を持っています．「誰に」売るのか，あるいは誰のための財・サービスをつくるのかを考えるのは，事業を設計するにあたって最初に決めなくてはならない重要項目といえます．

　企業は，想定顧客のニーズを分析し，顧客に受け入れられる財・サービス，つまり「売れるもの」をつくり出そうとします．「何を」の視点からは，この時つくり出される財・サービスの中身が重要になります．それは，顧客のニーズを満たしていることはもちろん，原価，販売価格ともに適正な水準である必要があります．また，当該企業が得意としない分野の商品をむりやり生産しようとしても，競合他社の商品に比べて技術的に劣るものしか生産できず，「売れるもの」とはなりえません．

　ところで，「売れるもの」をつくり出すことは，まさしく「言うは易く行う

は難し」です．それを可能とするような事業体制を「どうやって」つくるのか
が，経営者の手腕の見せどころです．そのために経営者は，4 つの経営資源（ヒ
ト・モノ・カネ・情報）を組み合わせて事業を設計します．併せて競合他社の動
向も常に意識しておく必要もあります．

　以上のように，企業の経営を考えるためには，持続的に利益を獲得できる事
業を設計する必要がありますし，そのためには，「誰に」対して，「何を」提供
するのか，また，「どうやって」それをつくるのかを熟考する必要があります．

参考文献

木下安司（2011）『コンビニエンスストアの知識　第 2 版』日本経済新聞社〔日経文庫〕．
崔英靖（2016）「経営についての基礎知識」崔英靖・大西正志・折戸洋子編『ここから始
　　める経営入門』晃洋書房，1 -10頁．
新村出編（2018）『広辞苑　第七版』岩波書店．
田村正紀（2001）『流通原理』千倉書房．
山口信夫（2016）「六次産業化と地域づくり」崔英靖・大西正志・折戸洋子編『ここから
　　始める経営入門』晃洋書房，11-14頁．
「総務省｜統計基準・統計分類｜日本標準産業分類」<http://www.soumu.go.jp/toukei_
　　toukatsu/index/seido/sangyo/index.htm>，2019年 8 月25日．
「パナソニック商品情報」<https://panasonic.jp/>，2019年 8 月25日．

第2章
ツールとしての企業と従うべきルール

はじめに

　近年は「起業」とよく言われるようになり，そこにはさまざまな意味が込められていますが，基本的な意味は企業または事業を新たに開始することです．しかし，起業自体を目的にするのは本末転倒であり，本来の企業や事業は何らかの目的達成のためのツールです．

　本章では企業が達成すべき目的の変遷について概観してから，企業が従うべきルールである法律と，事業の実施に当たって考慮すべき経営環境について説明していきます．また，起業の際に作成するべき事業計画書と，行わなければならない創業の手続きについても触れます．

2.1　目的達成のためのツールとしての企業

　あなたが企業を経営するとした場合，その目的は何でしょうか．「企業」が事業を行う主体であると同時に人が事業を行うために用いる一種のツールであり，「事業」が営利目的で継続的に行われる経済活動であるとするならば，企業の目的は営利目的，つまりお金儲けということになります．実際，古典的な経済学では，すべての人は自らの利益の最大化を目指して行動することが前提とされており，経営学の分野でも，その初期には事業を通じての利益の最大化を唯一の目的とする企業や経営者が想定されていました．このような前提の下では，企業は利益追求のためには手段を選ばない存在となってしまいます．も

しもそうであれば，私たちの身近な商店や普段使っている製品のメーカーは自分たちの利益を最大化するために，消費者である私たちに対して意図的に虚偽の情報や低品質の製品を提供していることになりますが，これは正しいと思うでしょうか．

　消費者に対する企業の不祥事の報道は残念ながらゼロではありませんが，そのような企業活動は全体としては少数派であると考えられます．この背景には，企業活動の継続が一般的になり，その活動についての情報が広く社会に伝達されるようになった結果として，悪質な企業活動によって一時的に利益を獲得できても，その悪評によって長期的な利益を失いやすくなったことがあります．この企業活動の長期化に加えて，その高度化・複雑化は企業の影響力の増大をもたらし，企業活動によって直接的・間接的に影響を受ける人々や団体が増えてきました．このような人々や団体のことを「ステークホルダー（利害関係者）」と呼びます．企業の影響力が小さかった頃は出資者や債権者，従業員といった企業の内側の関係者が主たるステークホルダーでしたが，企業の影響力が拡大するに従って，顧客や取引先，周辺住民や地域社会，行政など企業の外側の人々や団体もステークホルダーとして考えられるようになりました．

　このような社会状況の変化の結果，企業の目的についての考え方も変遷してきました．三戸（2018）は企業の目的を「（出資者の）利潤極大化説」「経営者効用最大化説」「（企業に利害関係を有するものの）共同利益目的説」「社会的責任説」「顧客の創造説」の五つに大別した上で，それぞれが唱えられるに至った五つの理由を挙げています（三戸，2018: 320-325）．その五つの理由のうち，「多様かつ多数の利害関係者の存在」と「経済的・非経済的満足の可能」の結果として唱えられるようになったのが，利害関係者の範囲の広がった「社会的責任説」です．この社会的責任を継続的に果たすため，企業は将来にわたって顧客に望まれる財やサービスの提供，つまり事業を継続し，その代価として一定の利潤を獲得する必要があります．これが「顧客の創造説」であり，そこでは「企業の存続・発展」を前提とした上で「多様かつ多数の利害関係者の存在」と「経済的・非経済的満足の可能」を満たすことになります．現在の企業経営や会計の領域では「企業は将来にわたって継続して事業を実施する」ことが前提となっており，このことを「継続企業の前提」あるいは「ゴーイング・コンサーン（going concern)」と呼びます.

　個々の企業が企業経営を通じて達成したい目的は経営目的と呼ばれ，それは「経営理念」と「経営目標」の二つに分けて考えられます．経営学では，経営理念は「経営者もしくは企業が表明するその企業の行動指針，企業の目的，規範，理想など」と定義されています (神戸大学大学院経営学研究室, 1999 : 245-246)．この経営理念は「ミッション」「ビジョン」「バリュー」の三点から語られることが一般的であり，ミッションがその企業の使命や存在理由であるのに対して，ビジョンはその企業が将来のある時点でなっているべき状態や姿を意味します．ミッションとビジョンは目的としての側面が強いですが，バリューはこれらの目的を達成するために企業のメンバーが共有すべき価値観やルールを意味しています．これらの経営理念が明確にされていれば，企業が進むべき方向性や，そのためにメンバーがやるべきこと・やってはいけないことが明らかになるため，企業経営に一貫性が生まれます．

2.2　企業の従うべきルールとしての法律

　企業は他の企業や消費者との間で商品やサービスの提供や交換を取引という形で行っています．取引にはその場で瞬間的に成立するものもあれば，事前の情報提示や交渉が必要になるもの，さらには取引が成立してから完了するまでに一定期間が必要なものなど，さまざまな種類があります．いずれの取引においても当初取り決められた条件が満たされない場合，取引関係者は何らかの不利益を被ることになりかねず，そのような状況が一般的になれば取引制度自体に対する不信感が高まり，社会全体のコストや不利益が大きくなります．このような状況を避けるために，日本では民法において「契約」が定められており，典型的な契約としては売買契約が挙げられます．契約は単なる約束と違って，契約当事者が契約に関する権利や義務を取得・負担する法的拘束力を持つことになるため，契約に違反すれば法的な責任を追及されることになります．このため，契約当事者は権利義務の主体となることのできる「権利能力」を持たなければならず，契約を利用して事業を行う企業も何らかの形で権利能力を持たねばなりません．私たち人間は，未成年であることや心身の障害のために各種

の制限を受けることはあっても，この権利能力を持つ「自然人」と見なされているため，契約を行うことができます．

　企業にはいくつかの種類がありますが，一人の個人が自らの財産のみを資本として，その個人の名義で契約を行う種類の企業が「個人企業（事業）」であり，個人企業の運営者は個人事業主や自営業者と呼ばれています．これに対して，複数の個人が資本を持ち寄って集団として作り出した企業が「共同企業」です．共同企業は複数の個人の集合によって運営されているため，そのような相手と取引に関する契約を結ぶためには，場合によっては共同企業を運営する全員と契約を結ぶ必要が生じます．このため，本来は自然人ではない個人の集合(組織)が一定の条件を満たした場合には，その組織に権利義務の主体となる資格（「法人格」）を与えて，法律上は自然人と同じように扱う「法人」という仕組みが作られました．つまり，共同企業は一定基準を満たして法人格を持っている「法人企業」と法人格を持たない「非法人企業」に分けることができ，法人企業は企業自体が契約当事者となることができますが，非法人企業の場合は共同企業であっても個人企業のように各人の名義で契約を行う必要があります．

　企業規模が大きくなるほど必要な資本や労力は多くなるので共同企業になる傾向がありますが，非法人企業のままでは契約主体になれず，事業を本格的に実施しづらいので，いわゆる大企業のほとんどは法人企業の形態を採っています．この企業の形態は事業開始後の変更も可能であるものの，契約主体や出資者と企業の関係，さらには税率や納税主体にも影響を与えるものであり，民法や商法，会社法，租税法などのさまざまな法律で規定されています．

　事業内容によっては，実施自体が法律や規制による制約を受けることもあります．例えば，飲食店や病院，たばこ小売店を開業するためには行政による許認可が必要となります．これらは「許認可制」とまとめて表現されることが多いものの，厳密には法律で禁止されている行為の禁止を解除する「許可」と，禁止はされていないが効力が生じるために必要となる「認可」で構成されています．例えば，免許制は許可の一種であり，金融庁から免許を受けずに銀行や保険業を営むことは違法になるので，コンビニやスーパーマーケットが銀行業に進出する際は金融庁による審査を経て銀行業の営業免許を交付されています．認可の例としては旅客運賃の上限の変更があります．公共交通機関である

鉄道事業の実施には国土交通大臣の許可が必要です．しかし，その旅客運賃は多くの利用者に関わるものの，その値上げ自体が法律で禁止されているわけではありません．なので，その値上げが有効なものとして扱われるためには認可を必要とすることによって，鉄道事業者の安易な値上げを制限しているのです．旅客運賃の場合は適正な原価と利潤の観点からの審査が行われます．これに対して，事前に認可された上限運賃の範囲内であれば「届出」を行うことで値上げが可能です．届出とは特定の行為を行うにあたって行政などへの通知義務があるもののことで，行政に提出した書類などに不備がなければ義務を果たしたことになります．

　開業に際しての規制以外に，立地に関する規制も存在します．代表的なものとしては店舗面積が1000㎡以上の大型小売店の設置者のみが対象となる大規模小売店舗立地法（略称：大店立地法）があり，その目的は周辺の生活環境への影響（渋滞や騒音，廃棄物など）の観点での調整を行うことです．具体的には，出店・増設前の都道府県への届出と地域住民を対象とした地元説明会の実施を義務づけ，都道府県がその結果に基づいた勧告を行うことができることを定めています（ただし，その勧告には強制力がありません）．また，立地に関しては都市計画法（用途地域）および建築基準法に基づく規制もありますし（内閣府，2016），農業に使われている土地（農地）の取得や他目的への転用に関しては農地法で規制されています．ただし，これらの規制は時代によって変更されており，以前は認められなかった第一種および第二種低層住居専用地域へのコンビニエンスストアの出店も条件付きで許可されるようになりました（国土交通省，2016）．また，事業の実施に際しても，営業時間や必要な設備，業務内容などが旅館業法や銀行法といった個別の法律によって規制されていることがあります．

　このように企業の形態や事業の実施には，法律や規制などの従うべきさまざまなルールがある一方で，このような規制は自由な経済活動を妨げるため，規制緩和するべきだという意見もあります．このため，以前は実施不可能であった事業や活動が規制緩和の結果として可能になることもありますが，規制緩和の結果として，安易な進出の増加による過当競争の発生や安全性の低下などがもたらされ，再び規制が強化された例もあります．そういう意味で，企業は過去のやり方にずっと拘るのではなく，常に現在の状況に対応しながら活動しな

ければなりません.

2.3 事業の実施と経営環境

　あなたが何らかの経営目的を定めて,事業を通じてそれを実現しようとして
も,各種の法律や規制に従った形で行われなければなりません.では,それら
の法的制約の範囲内であれば自由に事業を実施できるかというと,事業を制約
する別の要因が存在しています.

　第1章において,企業は経営資源の流れをコントロールすることで事業を
行っていることが説明されましたが,これを逆に考えれば,必要な経営資源が
なければ事業は行えないということです.必要となる経営資源は事業によって
異なりますが,会社それ自体が具体的な活動を行えない以上,何らかの形で人
材,つまりヒトは必要ですし,病院や法律事務所のような法的規制の存在する
サービス業を開業するためには医師や弁護士のような有資格者が必須となりま
す.製鉄業や食品メーカーには製造のために利用する設備(モノ)が必要ですし,
銀行や消費者金融のように資金を貸し出す事業を行うためにはある程度の資金
(カネ)がなければなりません.また,近年では著作権や特許のような知的財産
の価値も注目されており,これらは情報的経営資源(経営資源としての情報)と
して扱われています.

　事業活動に必要な経営資源が企業の内部で揃わない場合,その事業活動は実
施できないのでしょうか.このような場合の対策は大きく二つに分けることが
できますが,どちらにしても,事業活動に必要なものが経営資源それ自体なの
か,それとも経営資源を活用して生み出された結果としての製品・サービスな
のかを最初に検討することになります.その上で,必要なものが製品・サービ
スであれば,それらを外部から調達するというアプローチを採ることで事業活
動の実施は可能になります.例えば,自社単独では高性能な生産設備を開発で
きなくても,外部の機械メーカーが販売しているのであれば,その設備を購入
すれば済みます.では,そのような高性能な生産設備それ自体ではなく,それ
を開発することのできる即戦力の人材が必要な場合はどうすればいいのでしょ
うか.そのような人材を募集するという方法もありますが,そのような人材が

獲得できるかどうかは不確実ですし，獲得してから開発完了までに時間がかかるかもしれません．このような場合，その高性能な生産設備を販売している機械メーカーを企業ごと購入する「合併・買収（Merger and Acquisition; M&A）」というもう一つのアプローチが採られることがあります．既に実績のある企業の合併・買収であれば不確実性はある程度低くなりますし，開発完了までの時間の短縮も期待できます．ただし，経営資源の中でもヒト（人材）や情報的経営資源の中でもノウハウは企業自体が物的資産として所有するものではないため，企業を丸ごと買収したとしても，その人材と自社の社風や価値観が合わない等の理由でその人材は退職し，それによってノウハウも失われるかもしれません．このようなリスクを避けるためには外部から購入するのではなく，内部で蓄積していくことが有効ですが，経営資源（特にノウハウや評判などの情報的経営資源）の内部蓄積は関連事業を実際に実行したり，さまざまな情報を収集して学習したりすることで行われるため，時間がかかることも多くあります．

　これまで見てきた法律・規制による制約が問題にならず，必要な経営資源の手当も可能であれば，その事業を実施することは可能です．しかし，企業や事業の運営を通じて目的を継続的に達成するためには，一定の利益を獲得することが必要です．その利益の源泉は企業の外部に存在する顧客への財やサービスの提供であり，その提供のためには企業の外部から原料や経営資源の調達が必要になります．また，顧客への財やサービスの提供が独占でないならば競合他社の動きによって利益は増減するでしょうし，法律・規則の変更や顧客・社会のニーズの変化も事業や利益に影響を与えます．このような企業や事業の運営に影響を与える要因や状況のことを「経営環境」と呼びます．経営環境はさまざまな見地から分類されますが，社会情勢や競合他社，顧客などの企業の外部にある要因を「外部環境（要因）」，自社の保有する経営資源や自社内の仕事の流れのような企業内の要因を「内部環境（要因）」と分けることがあります．これは自社単独では外部環境の変更が難しいのに対して，内部環境はある程度の操作が可能である点に注目した分類です．

　では，経営環境と利益の獲得の関係について，もう少し具体的に考えてみましょう．一般的に言えば，利益については「利益＝収益－費用」という等式が成り立ちます．つまり，利益を確保するためには，売上に代表される収益の合

計金額を材料費や人件費などの費用の合計金額よりも大きくしなければなりません．単一商品を価格一定で販売する事業を考えると「売上＝単価×販売個数」となり，競合他社が存在しない場合は自社の売上がその商品の市場規模となります．競合他社が存在する場合にはすべての同業者の売上合計が市場規模となり，「自社の売上＝市場規模×自社の市場占有率」の関係が成り立ちます．これらのうち，市場規模や競合他社の存在は外部環境に相当しますが，ブームによる市場規模の拡大のように自社にプラスの影響をもたらすものを機会（opportunity），新規参入による競合他社の増加のようなマイナスの影響をもたらすものを脅威（threat）と呼びます．市場占有率は競争の結果であるため，市場占有率を増加させるためには競争相手との競争に勝たなければなりません．競争について考える際によく用いられる概念である「競争優位（competitive advantage）」が競争相手に対して自社が持っている強み（strength）によってもたらされるのに対して，競争相手に比べて自社が弱み（weakness）を抱えている場合には競争劣位となります．ある企業の強みが顧客にとって望ましく，弱みがそれほど重要ではないものである場合，その企業の市場占有率は高くなることが期待できます．これら自社の内部要因である強み・弱みに外部要因である機会・脅威を組み合わせて現状を分析するための手法が「SWOT分析」です（SWOTは強み・弱み・機会・脅威のイニシャルの組み合わせ）．企業外部の経営環境は常に変化していますし，企業内部の経営資源も外部からの獲得や内部蓄積によって変化するため，SWOT分析は起業時だけでなく，事業開始後の状況分析のためにもよく実施されており，その分析結果は変化する環境や競争状況への対応策を考えるための手段として用いられることも一般的です．

　達成したい目的とそのための事業を計画し，それが法的制約の範囲内であったとしても，それを実行するためには各種の経営資源が必要かもしれません．とりあえずは本来の事業とは異なる形で事業を開始し，事業の実行を通じて必要な経営資源を蓄積するという方法もありますが，十分な資金（カネ）があれば外部からの購入という形で経営資源を調達するという方法も考えられます．後者の方法については，その資金自体も一種の経営資源であるため，事業の実行を通じて蓄積することも可能ですが，借金（負債）をする，または資本金として出資してもらうことで，企業の外部から調達する方法もあります．

2.4 ツールとしての企業の創造と日本の現状

　目的達成のための手段としての事業を構想し，それが法律的にも問題無く，その事業の実施に必要な経営資源の調達の目処も立つならば，その事業は原理的には実行可能のはずです．しかし，それが机上の空論となってしまう可能性もあるため，現実に実行する前には「事業計画書」（起業時の事業計画書は「創業計画書」と呼ばれることもあります）を作成することがほとんどでしょう．事業計画書とは，その事業の概要や将来性を説明し，具体的な目標を設定した上で，それを実現するための計画をまとめたものです．事業を運営するにあたって，事業計画書の作成は義務ではなく，その使用すべき書式も統一されていないため，実際に作成される事業計画書は，漠然としたメモに留まることもあります．それを用いて資金の提供者などの事業に関係する第三者に対して自らの事業を説明することもありえるため，具体的な内容であることが望ましいでしょう．

　中小企業庁 創業・新事業促進課 (2019) では，事業計画書を「自分の夢（創業）を実現するための具体的な行動を示す計画書」とした上で，その事業計画書の作成するにあたっての前提条件として，誰が「オーナーおよび経営者」であるかを考えた上で，ヒト・モノ・カネという経営資源ごとに必要な質と量についてイメージすることを勧めています．その次の段階が事業計画書の作成であり，その内容として「事業構想」「具体的な事業内容」「創業時の資金計画表」「損益計画表」の四つを挙げ，ここでは創業の動機や将来の目標といった自分の主観的な思いだけでなく，現在の市場の分析やセールスポイント，さらに設備に関する資金計画や損益見込みなど，客観的な根拠に基づいた内容が求められるようになります．特に「創業時の資金計画表」は事業を実施するために必要な資産（経営資源）とそれらを調達するための資金の出所を示したものであり，「損益計画表」は事業を実施した場合に予想される収益と費用を示したものです．これらを作成するためには会計についての知識が必要となります（会計については第5章で説明します）．

　実際に事業を開始する場合，事業計画書の作成は必須でないのに対して，創業に関する各種の手続きは義務です．この創業の手続きについては個人企業と

法人企業では異なります. 個人企業の場合, 税務署に開業届を提出するだけで事業を開始することができます. 一方, 法人企業の場合, 設立するための登記を法務局で行わなければなりません. その際に必要となるのが「定款」です. 定款とは会社の憲法または設計図のようなもので, 会社の名前 (商号) や事業内容 (目的), 本店の住所 (所在地) などを記載する必要があります (具体的な記載事項は第3章で説明する法律的企業形態によって違います).

　私たちの身の回りに存在しているたくさんの企業は, このような活動の結果として作られたものです. では, 現在の日本にはいくつの企業があるのでしょうか. 日本では総務省統計局が事業所・企業を対象として経済センサス (基礎調査,活動調査) を5年ごとに実施していますが,2014年実施の基礎調査によると, 2014年7月の調査時点では約409万8000企業が存在しており, そのうちの51%が個人企業で, 会社企業が42.7%, 会社以外の法人が6.3%となっています. 従業員数で分類すると, 4人以上の企業が全体の74.3%と圧倒的に多く, 従業員20人未満の企業が92.6%と, 小規模の企業数が想像以上に多いことに驚くかもしれません. 企業規模によって大企業と中小企業を分類することがありますが, この分類基準にはさまざまなものがあります. 代表的なものが中小企業基本法の基準で, 業種と資本金または従業員数の組み合わせで中小企業 (小規模企業を含む) が決定され, それ以外は大企業として分類されます (表2-1参照). この分類では全企業の99.7%が中小企業になります. 大企業の企業数は少ないです

表2-1 中小企業の分類基準

業種	中小企業者 (下記のいずれかを満たすこと)		うち小規模企業者
	資本金	常時雇用する従業員	常時雇用する従業員
①製造業・建設業・運輸業その他の業種 (②〜④を除く)	3億円以下	300人以下	20人以下
②卸売業	1億円以下	100人以下	5人以下
③サービス業	5000万円以下	100人以下	5人以下
④小売業	5000万円以下	50人以下	5人以下

(出所)「2017年版　中小企業白書」Ⅶ頁.

が，1企業あたりの従業員数が多いため，全従業員に占める中小企業の割合は70.1％と企業数の割合よりも小さくなるものの，それでも働いている人の7割は中小企業で働いているのが現在の日本の状況です（中小企業庁，2017）．

ま　と　め

本来，企業は目的達成のための一種のツール（手段）であり，かつては単純に自身の利益の最大化だけを考えていれば良かったものです．しかし，企業の影響力が拡大するにつれて，さまざまなステークホルダーを考慮した上で設定されるようになったように，その目的自体は社会状況などに影響されて変化しています．同様のことが目的達成のためのツールの設計においても起こります．つまり，企業はそれぞれの目的達成のために自由に設計されているのではなく，事業を実際に行うためにクリアしなくてはならない制約（必要となる経営資源の質と量，および開業および運営の際に遵守すべき法律・規制）によって影響された範囲の中で，企業・経営のあり方が選択されているのです．

また，実際に起業するには創業のための手続きが必要であり，これは個人企業か法人企業かで具体的な手続きが変わってきます．届出や登記と違って義務ではないものの，事業内容や事業に関する計画をまとめた事業計画書を作成することによって，単なる構想が具体化なものとなり，第三者にも説明しやすくなります．

私たちの身の回りには，すべてを一人で運営しているような個人企業から何千人もの従業員と数億円の資本金を備えている大企業まで，色々な形態の企業が存在しています．しかし，さまざまなルールや制約の中で特定の目的を達成するために考え出されたツールであるという意味では，どの企業も共通しているのです．

参考文献

神戸大学大学院経営学研究室（1999）『経営学大辞典　第2版』中央経済社.
崔英靖（2016）「第2章　創業時の検討事項」崔英靖・大西正志・折戸洋子編『ここから始める経営入門』晃洋書房，15-23頁.

三戸浩（2018）「第 6 章　「社会的器官」としての企業」三戸浩・池内秀己・勝部伸夫『企業論　第 4 版』有斐閣，295-331頁.

国土交通省（2016）「第一種低層住居専用地域及び第二種低層住居専用地域におけるコンビニエンスストアの立地に対する建築基準法第48 条の規定に基づく許可の運用について（技術的助言）」<http://www.mlit.go.jp/common/001140879.pdf>，2019年10月20日.

総務省（2015）「平成26年経済センサス――基礎調査結果」<http://www.stat.go.jp/data/e-census/2014/pdf/kaku_gaiyo.pdf>，2019年10月20日.

中小企業庁（2017）「2017年版　中小企業白書」<https://www.chusho.meti.go.jp/pamflet/hakusyo/H29/PDF/chusho/00Hakusyo_zentai.pdf>，2019年10月20日.

中小企業庁 創業・新事業促進課（2019）「平成30年度版　夢を実現する創業」<https://www.chusho.meti.go.jp/keiei/sogyo/pamphlet/2016/download/h30Sogyo.pdf>，2019年10月20日.

内閣府（2016）「規制改革会議　第29回地域活性化ワーキング・グループ　事務局説明資料」<https://www8.cao.go.jp/kisei-kaikaku/kaigi/meeting/2013/wg4/chiiki/160307/item1.pdf>，2019年10月20日.

第3章
企業形態が経営に及ぼす影響

はじめに

　目的達成のための一種のツールとしての企業と個人の大きな違いは，他者からの協力の受け入れやすさです．カネという経営資源の受け入れもその一つであり，これを円滑に進めるために企業にはさまざまな法律がルールとして課されています．

　本章では，他者からのカネの受け入れである負債と資本に注目し，それに関するルールが実際の企業のあり方にどのように影響を与えているのか，そして現代の経済活動において大きな役割を果たしている株式会社とそれに関する各種の制度について説明します．

3.1　事業に用いる資産の源泉

　何らかの目的を達成するために事業を行う場合，その事業内容が何の道具も使わずに一人で行えるものであれば身体一つで実行可能でしょう．しかし，多くの事業は実行のために何らかの道具や設備，あるいは他者の協力を利用して実行されています．このため，事業の実行にはサービスを購入したり従業員を雇用するための資金であったり，利用する設備などに代表される資産が必要になります．企業の貸借対照表では，左側（借方）に企業が所有する資産が記載されていますが，右側（貸方）にはそれと同額の負債と純資産（資本）が記載されており，これは企業の資産の源泉（調達元）は負債と資本であるという意味

でもあります．では，負債と資本とは何が違うのでしょうか．

　まず負債ですが，この代表例は社外からの融資の受け入れ，つまり借金です．これは貸し主と借り主との間の契約であって，その契約に基づいての返済義務と利率に基づいた利息の支払い義務があり，支払期限に利息や借入金の返済分を支払えなければ，差し押さえなどの法的措置を取られるかもしれず，場合によっては倒産という事態になりかねません．銀行などの金融機関は個人や企業に対して融資を行って，その代価として受け取る利息を収益源としていますが，融資が返済されないときには大きな損失を被ることになるため，融資の前には融資先の返済能力についての審査を行った上で，返済できない場合に代わりに提供する担保の設定や融資先が返済できないときに代わりに返済する義務を持つ保証人を求めることがあります．

　資本も資産の源泉という意味では負債と同じですが，負債と資本には三つの点で違いがあります．一つめは源泉の所在です．負債の場合，その源泉は社外の金融機関などであったのに対して，資本の場合は社外の出資者からの投資（資本金）の受け入れに加えて，自身が生み出した利益を社外に配分せずに内部に蓄積すること（内部留保）によって，融資や投資の受け入れと同じように資産を増やすことも可能であるという違いがあります．二つめの違いは利息の支払い義務についてです．負債には利息の支払い義務があるのに対して，負債の利息に相当するものである出資者への配当金（利益配当）は義務ではなく，経営状況が悪ければ配当金を支払う必要はありません．三つめの違いは返済義務についてであり，返済義務がある上に場合によっては担保や保証人を求められることもある負債に対して，投資には投資家からの出資という形で資本を受け入れた場合であっても受け入れた金額の返済義務はありません．このため，企業側からすれば負債よりも資本を増加させることで資産を増加させたいところですが，資金を提供する側からすれば，返済されない資本よりも返済義務のある負債として貸し付ける方が望ましいと考えるでしょう．また，出資として資金提供を行う場合，後述するように出資の種類によってはさらなる損害を被る可能性もあるので，資本による資金提供は負債の貸付よりも慎重になるべきでしょう．

3.2 出資者の権利・責任と倒産処理

　先ほど説明したように，返済義務および利払い義務がある負債の貸付に比べ
て，資本の提供は資金提供者側のリスクが高くなります．それでも世の中には
多くの会社があり，それらの会社には多くの人が出資しています．それらの出
資者の中には，実行したい事業が外部からの融資を受けられないために自分自
身で出資している人やその事業や関係者を応援するために出資している人もい
るでしょうが，出資が持っているメリットがデメリットよりも大きいと考える
ために出資している人も多くいます．

　資本の源泉の所在として社外と社内の二種類を挙げましたが，正確には社外
の場合でもいくつかの種類に分かれます．一人の個人が単独で事業を行う「個
人企業」では出資者はその個人に限定されますが，その個人は社内と社外のど
ちらの扱いが適切なのでしょうか．これに対して法人格を持っている「法人企
業」への出資については，その企業の経営者による出資であっても両者は契約
主体としては区別可能なので，その出資の源泉は社外になるといって良いで
しょう．このように，法人企業以外まで考慮すると説明が複雑になるため，以
下の説明は法人企業，その中でも株式会社を前提としたものです．

　出資のメリットは大きく二つの権利に分けることができます．一つは会社か
ら経済的利益を受けることを目的とする権利であり，もう一つは会社経営に参
加することを目的とする権利です．経済的利益についての権利（株式会社におけ
る自益権）としては，配当金（インカム・ゲイン）を受け取る権利がこれに相当し
ます（会社法453条）．また，出資分の売却が認められる場合には出資額よりも高
く売却することによる値上がり益（キャピタル・ゲイン）も期待できます．ただし，
これらの経済的利益を企業側が必ず実現させる義務はないために実現しないと
いうリスクがある上，先にも述べたように資本の返済義務もないというデメ
リットもあります．これに対して，会社経営に参加することを目的とする権利
（株式会社における共益権）の代表例は，社員総会や株主総会における「議決権」
という負債の貸付では得られない権利であり，この権利については出資者側が
納得しない限りは変更が困難なため，提供自体はほぼ確実です．ただ，この会

社経営に参加するための権利を持っているために，出資者は一定の責任を持た
されることになります．

　この出資者のことを法律用語で「社員」と呼びます．日常生活で社員といえ
ば会社に勤めている人（従業員）を意味していますが，こちらは法律上では「労
働者」「被雇用者（被用者）」「使用人」などと呼ばれていますので混乱しないよ
うにしましょう．この社員（出資者）はその責任の違いによって「無限責任社員」
と「有限責任社員」の二種類に分けられます．この責任とは「出資先の企業の
負債を返済する責任」のことで，ある意味で企業の借金の保証人が持っている
責任のようなものです．通常の借金の保証人が融資ごとに設定されるのに対し
て，無限責任社員および有限責任社員は出資先の企業が返済できない負債すべ
てに対しての返済義務を持つことになります．無限責任社員はこの責任が無限，
つまり出資額以上の負債であっても企業の代わりに返済する責任を持つ出資者
のことです．これに対して，有限責任社員とは出資額を限度にした返済責任を
持っている出資者であり，最悪の場合でも出資分が失われるだけで，それ以上
の負債を返済する義務はありません．このような違いがあるため，無限責任社
員として出資を行うのは経営者などの直接経営に携わる者であることがほとん
どです．

　出資者が企業の負債の返済を迫られるのは企業が返済できない場合であり，
それは企業の死である倒産（経営破綻）と同じ意味です．ただし，企業が倒産
しても負債の返済義務は残るため，それらを含めた処理が必要になります．倒
産処理に関する法律としては破産法や民事再生法，会社更生法などがあり，こ
れらに基づいて裁判所が関与して行われるのが「法的整理」で，当事者同士の
交渉のみで行われるのが「私的整理」です．また，倒産処理の結果として企業
そのものが無くなる「清算型」と，企業を存続させて事業（の一部）を継続さ
せる「再建型」という分類もありますが，ここでは社員の種類の違いに関わる
清算型の倒産処理を取り上げます．

　企業は何らかの資産を持って事業を行っていることがほとんどであり，その
調達元としての負債と資本も持っています．このうち，資本については返済義
務が必ずしも無いため，まずは負債の返済から行い，残額があれば出資者に分
配されます．事業を行わなくなる以上，所有していた資産はすべて不要になる

ために資産はすべて処分可能のはずです．貸借対照表では資産＝負債＋純資産ですが，それまでの損失の累積によって「債務超過」（純資産がマイナス）の場合もあります．貸借対照表に記載された金額（簿価）よりも資産の売却価格が小さい場合も，資産の売却だけでは負債を返済できなくなります．このような場合，無限責任社員は企業に代わって負債の残額を返済する責任を持ちます．逆に，出資者全員が有限責任社員の場合，債権者は出資者に負債の返済を要求することはできないため，負債の残額を諦めるか，あるいは経営者に重大なミスや不正があった場合には経営者に対して損害賠償請求を行うことになります．

3.3 企業の経済的形態と法律的形態

　前節で説明したように，法人企業の社員（出資者）には経済的利益に関する権利と会社経営に参加に関する権利，さらには負債返済についての責任を持つため，その企業の出資者によって企業の性質が違ってくることがあります．このような出資者の性質によって分類されたものが経済的企業形態であり，「公企業」「私企業」「公私合同企業」の三種類に分けられます．

　このうち，私企業とは民間の個人や企業が出資・運営する企業で，私たちの身の回りにある企業の多くはこの私企業です．私企業の出資者である個人や企業は出資を通じての経済的収入を期待している場合がほとんどでしょうから，そのような出資者が経営に参加する私企業は基本的に営利目的で事業を行うことになるため，将来的に利益が見込めない事業については撤退しますし，利益を上げられない私企業は何らかの支援が無い限り倒産してしまいます．このため，他の経済的形態に比べると，私企業ではマネジメントの重要性が昔から理解されていました．

　これに対して，国や地方自治体が出資・運営する企業が「公企業」です．市場規模や必要な設備投資などの観点から利益目的の私企業は進出しないが公益性の高い事業（例：過疎地域の水道事業や交通事業）については，国や地方自治体自身が行政サービスの一部として行うこともありますが，独立した別組織である公企業を作って，それを事業の担い手とすることがあります．公企業の場合，事業単体では赤字であっても，行政が何らかの形で補填することで事業を継続

できるからです．ただし，現在では国や地方自治体の財政赤字のため，公企業
であってもマネジメントによる効率向上が求められています．

　公企業の効率性の低さに対する解決策の一つとして注目されたのが「公私合
同企業」です．これは国や地方自治体（第一セクター）と民間（第二セクター）が
共同で出資・運営することで，公企業が行うような公益性の高い事業に，私企
業の効率性を導入しようとするもので，一般的には「第三セクター」として知
られています．しかし，官民が共同出資することだけで事業の性質自体が変わ
るわけではありませんので，当初の目論見どおりに高い公益性と効率性が両立
できるかどうかは，どのように事業を設定して運営をマネジメントするかにか
かっています．

　このような出資者の違いに基づく経済的企業形態に対して，根拠法に基づく
分類が法律的企業形態です．企業活動にはさまざまな法律が関係しているので
すが，2006年5月に施行された会社法によって，厳密な意味での「会社」は「合
名会社」「合資会社」「合同会社」「株式会社」の四種類のみになりました．合
名会社，合資会社，株式会社の三つは会社法が施行される以前から商法で規定
されていた企業形態であるものの，会社法によって性質が変化しています．会
社法以前は有限会社法によって規定された有限会社が存在しており，これは株
式会社の小型版とでもいえるものでしたが，株式会社の性質の変化によって新
規設立ができなくなり，代わりに合同会社が登場しました．これらの四つの企
業形態はさまざまな点で異なり，企業の種類ごとに社員の出資形態が定められ
ています．これら四つの中で最もなじみ深い株式会社の説明は次節で行うこと
にして，まずはそれ以外の会社形態について説明しましょう．

　合名会社とは無限責任社員のみが出資する法人企業です．無限責任社員のみ
が出資するという点では個人企業と同じですが，合名会社には複数名が出資で
きるため，出資者が一人に制限される個人企業よりも多くの資本を集めること
ができます．ただし，出資者すべてが無限責任社員となるため，出資者は企業
経営に積極的に関与できる人に限定される傾向があります．これに対して，無
限責任社員だけでなく有限責任社員としての出資も可能なのが合資会社です．
このため，合名会社よりも多くの資本を集めやすくなっていますが，出資分の
売却や譲渡が制限されるため，資本を集められる範囲は限定的になります．

　会社法によって定められた新しい企業形態である合同会社はアメリカのLLC（limited liability company；有限責任会社）をモデルとして作られた会社形態であり，出資者全員が有限責任社員である点では後述の株式会社と同じです．しかし，会社内部のことについては，法律に反しない限り，定款で定められたことを優先するという「定款自治」の範囲が株式会社よりも広く，出資分に関係なく特定の社員の権利や利益配分の割り当てを大きくすることも可能ですが，出資分の譲渡や定款変更の際には社員全員の同意を原則とするなどの特徴があるため，合資会社と同じく不特定多数から資本を集めることには向いていません．このように合名会社，合資会社，合同会社の三つは出資者が経営者であることを前提とした企業形態であり，「持分会社」として「株式会社」と区別して扱われます．

　会社法で定められている企業形態は合名会社・合資会社・合同会社・株式会社の四種類だけですが，他の法律で規定された企業形態も存在しています．「相互会社」は保険業法で定められた保険会社にしか認められない企業形態です．

　相互会社形態の保険会社では保険契約者は有限責任社員として出資する形になります．2000年の保険業法改正によって株式会社形態による保険業も可能になったため，そういう保険会社では出資しなくても保険に入ることはできます．その他の企業形態で身近なものとしては，生活協同組合（生協）や農業協同組合（農協，JA）が採用している「協同組合」があります．これらの協同組合は事業ごとの個別の法律によって規定されており，どれも共通目的のために組合員（出資者）を募集し，設立した事業体を共同で所有・運営する相互扶助のための組織です．このため，協同組合の提供するサービスの主たる受益者は組合員（出資者）であり，その点では相互会社と似ています．相互会社や協同組合は利益の獲得と分配を目的としていないという意味で「非営利組織（non-profit organization, NPO）」として扱われることもあります．

3.4 株式会社の変化と現状

　合名会社や合資会社と同じく，株式会社も会社法施行以前から存在していた会社形態ですが，会社法以後は株式会社という同じ会社形態であっても，かな

り性質の異なる会社のあり方が認められるようになりました．まず簡単に株式会社について説明すると，出資者全員が有限責任社員である点は会社法以前の有限会社や会社法以後の合同会社と同様であるものの，株式会社独自の特徴として株式の発行が可能であるという点が挙げられます．株式とは会社への出資と引き替えに得た権利のことであり，この権利を表す有価証券と同じ意味でも使われます．株式会社では自身の資本を一定金額で分割し，出資者は出資と引き換えにその権利を株式として受け取って，いわゆる株主となります．多額の資金を持っている出資者は多くの株式を購入することで企業に対する権利を多く持つことができますし，資金が少ない人でも購入する株式を少なくすることで対応できます．かつては株式の実物（株券）を発行することが原則で，額面金額も記載されていましたが，現在の日本では株券は原則として不発行になり，株式は電子化されて無額面になっています．

　また，他の会社形態が出資分の譲渡に対して制限があるのに対して，会社法以前の株式会社は株式の譲渡に関する制限が原則としてはありませんでした（制限する場合は定款への記載が必要）．このため，他の会社形態に比べると，株式会社の出資者は他の人に自身が保有する株式を売却することで出資分の資金の回収が容易でした．出資分の売却が可能であるということは，株価上昇によるキャピタル・ゲインも獲得しやすくなることを意味します．これらの性質から，株式会社は社会のあちこちに散らばっている事業を営めるほど大きくない資本（社会的遊休資本）を広くから集めてまとめることで，大規模な事業を可能にします．

　出資者全員が有限責任社員であり，しかも出資者の人数が他の会社形態よりも多くなる傾向があるため，株式会社は出資者が経営に積極的に携わる持分会社とは違う性質を持ちます．このため，株式会社は持分会社とは明確に区別されており，その区別の一つが株式会社ではいくつかの機関の設置が義務づけられていることです．会社法以前の株式会社では「株主総会」「取締役会」「監査役」という機関の設置が義務づけられていました（一部の例外を除く）．私有財産制の観点で考えれば，会社の所有者は会社の財産（資産）を調達するための源泉を提供した出資者になるため，その出資者（株主）によって構成される株主総会が株式会社の最高意思決定機関として位置づけられています．しかし，株

主総会は基本的には年1回しか開催されないため，株主は企業経営を行う3人以上の取締役とそれを監督する監査役を株主総会での選任・解任を通じて間接的に企業経営に関わることになります．これらの決議は多数決によって行われますが，株主総会では1人1議決権ではなく，1単元株につき1議決権が与えられます（単元とは株式をまとめて扱う単位で各会社が決定）．このため，多くの金額を出資している大株主ほど大きな影響力を持つことになります．選任された取締役は取締役会を構成し，事業運営に関する重要事項を決定しますが，取締役会を毎日開催することは困難なこともあるため，取締役の中から会社を代表する権限を持った「代表取締役」を選任し，日常業務に関する意思決定を任せることになります．そして，これらの取締役会および代表取締役が株主に忠実に業務を行っているかどうかを監査役が監督します．

　会社法以前の株式会社はこのような特徴を持っていましたが，2005年の会社法施行によって株式会社の特徴のいくつかが変化しました．会社法以前は株式会社の設立には1000万円以上の資本金が必要であり，そこまで規模の大きくない企業を有限責任社員のみで設立するためには有限会社（最低資本金300万円）が利用されていました．しかし，会社法施行以降は最低資本金規制が撤廃されたため，資本金不足で有限会社として設立されていたような企業も株式会社化できるようになりました．

　また，それまでの株式会社と有限会社の違いであった出資分の譲渡制限については，原則として株式の譲渡制限がない「公開会社」と，すべての株式に譲渡制限のある「公開会社でない会社」（非公開会社，譲渡制限会社）という性質の異なる二種類が，株式会社の中に存在するようになりました．会社機関の設置義務についても，公開会社の会社機関については会社法以前の株式会社のそれとほぼ同じですが，公開会社でない会社では株主総会と取締役（1人以上）の設置だけが義務づけられており，取締役会の設置については任意，監査役については条件を満たせば設置しないことも可能になっています．これらを使えば従来の有限会社に近いものが株式会社でも可能になるため，従来の有限会社は手続きを行うことで株式会社に変更可能になりました．

　このように2005年の会社法の施行によって企業形態は大きく変化しましたが，その後もコーポレート・ガバナンス（企業統治）の強化を中心とした改正

が行われており，それによって会社機関のあり方は変化しています．

3.5 株式市場と株式公開

　他の会社形態と違う株式会社の特徴の一つは，他の出資者の同意が無くても出資分の譲渡が可能なことです(ただし，譲渡制限をしていない場合に限る)．しかし，自分自身で売買相手を探すとなると，その相手は知り合いに限定される傾向がある上，売買価格も各人の間で相談する必要があるため，取引が成立しにくくなります．これに対して，取引を希望する者が集まる特定の場所に希望価格を提示し，お互いの売り注文と買い注文の条件が一致すれば売買が成立するオークション方式であれば，取引の成立に必要な労力を削減することができます．このようにして株式を取引する場が株式市場です．株式市場での取引相手は自身の知り合いに限定されず，潜在的な売買相手が多くなり，問題が発生した場合の被害も大きくなります．そのため，株式市場で取引される会社の株式は一定の基準（上場審査基準または公開基準）を満たしたものだけに限定されており，基準を満たして株式市場で売買可能にすることを「株式公開（Initial Public Offering, IPO）」や「株式上場」と呼びます．具体的な公開基準は各株式市場によって異なりますが，流通株式数や時価総額（＝株式総数×株価）などの株式に関する項目と，純資産や利益などの事業および財務内容に関する項目が含まれています．株式公開自体は企業の目的とは言い難いものの，その企業が目的に向かって行動してきた実績が評価された結果であるため，企業にとっての一つのマイルストーン（節目）と考えられます．

　現在の日本には，東京（東証）・名古屋（名証）・福岡（福証）・札幌（札証）の四つの証券取引所があり，それぞれが複数の株式市場を運営しています．同じ証券取引所が複数の株式市場を運営するのは，市場ごとに審査基準を変えて，市場の性質を変えることで，一般企業だけでなく新興企業に対しても株式公開の機会を提供するためです．一般企業向けの株式市場であっても，東証と名証は 1 部と 2 部に分かれており，1 部の方が審査基準は厳しくなっています．数ある株式市場の中で最も上場が難しいとされる東証 1 部に上場した企業がいわゆる「(東証) 1 部上場企業」です．もう一方の新興企業向け市場については，

四つの証券取引所でマザーズやJASDAQといった新興企業向け市場が計五つ運営されていますが（2019年10月末時点），これらの多くはアメリカで成功したNASDAQ（1971年開設）を参考に1999年頃から相次いで開設された市場を由来としています．その目的は将来性のあるベンチャー企業の資金調達を容易にすることであるため，公開基準は一般企業向け市場よりも緩く，場合によっては赤字であっても株式公開が可能になっています．新興企業向け市場で株式公開した企業の中には，その後の成長によって一般企業向け市場へと市場変更した企業もあります．逆に，上場基準を満たさなくなった企業は下部市場への降格や上場廃止になることもあります．日本企業の中にはニューヨーク証券取引所（NYSE）やNASDAQのような海外の証券市場に上場している企業もあり，逆に海外の投資家も日本の株式市場に投資しているため，各市場間での競争が行われているともいえます．このため，日本の株式市場自体も時代に合わせて変化しています．

　株式公開のためには市場ごとの審査が必要ですが，上場基準を満たしても非上場のままであることを選択している有名企業もあります．株式公開のメリットの一つはキャピタル・ゲインが期待できることです．キャピタル・ゲインは出資または株式購入時に支払った金額よりも高い金額で売却することで発生するものであり，株式公開を行っていなくても獲得は可能です．しかし，株式公開によって高い価格での買い手が見つかる確率が高くなるため，キャピタル・ゲインを得やすくなります．特に株式上場時のキャピタル・ゲインには，将来性が定かではない企業にリスクを取って出資してくれた上場以前からの株主に対する報酬という側面もあります．また，事業運営をともに行ってきたメンバーに対して株式そのもの，あるいは安価に株式を購入する権利であるストック・オプションを与えることで，それまでの貢献に対して報いることもできます．この株式の値上がりがもう一つのメリットである資金調達の容易化につながります．資本金の増加（増資）を行う場合，株価が高ければ必要金額を調達するために発行すべき株式数を低く抑えることができます．また，会社の知名度と信頼性の向上も株式公開のメリットとして挙げられます．上場企業は社名と株価が新聞やニュースなどで報道され，マスメディアで注目される機会が格段に増えます．また，審査基準を満たしているために上場企業は非上場企業よりも

信頼できると見なされ，取引先の開拓や優秀な人材確保などでも有利になるでしょう．

　一方，株式公開のデメリットとしては，コストの発生があります．株式公開時の手続きや費用だけでなく，上場後は監査法人などによる監査を受けた上で経営状況や財務内容の開示を行うことが義務づけられるので，そのコストが継続的に発生します．また，さまざまな株主が参加することもデメリットの一つとして挙げられるでしょう．上場企業は株式譲渡に制限を設けることが認められないため，好ましくない人物や組織が大株主（敵対的株主）になる可能性があります．株価が低迷している場合，敵対的株主の参加の可能性はより大きなものとなるので，上場企業は非上場企業よりも株価や株主を意識して経営する必要があります．このようなデメリットを嫌って，一度は上場したものの，自主的に上場廃止を行って，非公開に戻る企業もあります．

3.6 株式保有による他社との関係強化

　株式投資とは株式会社への出資でもあるため，会社経営への参加の手段としても用いられます．株主は株主総会での議決を通じて，その会社の企業経営に間接的に参加することができるものの，持株比率が十分に大きくない限り，自分の意向を企業経営に反映させることは困難です．逆にいえば，持株比率が十分に大きければ企業を支配することも可能ですが，企業規模が大きくなるほど必要な資金が増加するため，大企業で個人が大株主になっているのは非上場の時期から継続して株式を所有している創業メンバーやその関係者であることがほとんどです．しかし，企業（機関投資家を含む）などは負債や資本という形での資金調達によって資金面の制約を軽減できるため，他社との関係を強化するための手段として株式投資を行うことが可能です．

　ある会社が他の会社の株式を所有しており，その持株比率が大きい場合，「関係会社」となることがあります．関係会社には「親会社」「子会社」「関連会社」「その他の関係会社」の四種類があります．特定の会社に株式の50％以上を所有されている会社が「子会社」，所有している会社が「親会社」であり，その持株比率が20〜50％だと「関連会社」と「その他の関係会社」です．これらの

会社は，名目上は別会社であっても実質的には一体であると見なされるため，各会社の財務諸表を統合した連結財務諸表の作成が義務づけられています．

　ある会社が他の会社の株式を購入して子会社化することを「買収(acquisition)」といいます．買収によって二つの会社は実質的に一体となりますが，名目上は別の会社として存続し続けます．これに対して，二つの会社を名目上でも一つの会社にすることが「合併(merger)」であり，買収と合併をまとめてM&A(Merger and Acquisition) と呼ぶこともあります．

　合併とは逆に，今まで一つだった会社がその一部を分離させて独立した企業を作ることを分社化といいます．多くの場合，独立した会社の株式の多くは独立元の会社が持っているため，子会社—親会社（または関連会社—その他の関係会社）の関係になります．親会社のうち，自身では事業を行わずに子会社の支配に特化した企業が法律上の純粋持株会社ですが，一般的には持株会社 (holding companyあるいはholdings) と呼ばれています．この持株会社を利用することでM&Aなどを通じての事業再編が容易になるとされています．

ま　と　め

　企業が事業に用いる資産の源泉である負債と資本はそれぞれ違った性質を持っており，その違いを理解した上で活用する必要があります．特に資本の活用には会社法などで規定された法律的企業形態が影響しており，どの企業形態を採用するかによって組織のあり方が変わってきます．

　現在の企業形態の主流である株式会社にとっての節目の一つが株式公開です．株式公開にはキャピタル・ゲインの獲得や資金調達の容易化などのメリットがある一方，好ましくない株主による介入の危険などのデメリットもあります．また，他の企業との関係を強化するために株式を保有することがありますが，その持分比率が高くて関係会社となった場合には，親会社と一体と見なされるために連結会計の対象となります．

参考文献

崔英靖（2016）「第4章　負債・資本と企業形態の関係」崔英靖・大西正志・折戸洋子編『こ

こから始める経営入門』晃洋書房，46-57頁.

崔英靖（2016）「第 6 章　株式公開と株式投資」崔英靖・大西正志・折戸洋子編『ここか
　　ら始める経営入門』晃洋書房，78-89頁.

宍戸善一（2015）『ベーシック会社法入門　第 7 版』日本経済新聞社.

堀龍兒・淵邊善彦（2014）『ビジネス常識としての法律　第 2 版』日本経済新聞社.

第4章
組織を通じた目的達成とマネジメント

はじめに

　これまで目的達成ツールとしての企業について見てきましたが，実際にそのための活動を行うのは個人であり，その集合体である組織です．

　本章では，組織が目的達成のツールとして有効である理由をヒトの側面に注目して説明した上で，実際の企業でよく採用されている業務分類とその配置について，さらには企業が有効に機能するために管理者が果たしている役割であるマネジメントについて学びます．本章の最後では，経済学における取引コスト概念について学んだ上で，近年の情報化の進展によって変化している組織の境界について検討します．

4.1 組織と目的の関係

　第2章で企業を目的達成のための一種のツールとして取り上げました．多くの場合，その目的達成は一人で行われるのではなく，他の人々と作った組織を通じて行われています．組織には家族や親戚のように組織化（組織を作ること）を意図的に行わなくても形成されるものもありますが，多くの組織は元々存在していなかったものが目的達成のために組織化されたものです．組織化のためには時間や労力，金銭といったコストが発生します．では，これらのコストを支払ってでも組織を利用した方が有利なのでしょうか．

　何らかの作業に3人が携わる場合，各人が独立して行った作業の合計と3人

が協力して行った作業の合計を考えてみましょう．例えば1人では運べないような大きな岩を運搬する場合，各人が独立して作業しても運べないでしょう．しかし，3人が協力して力を集約すれば運べるかもしれません．つまり，一人あたりに求められる能力が低くなります．これに対して，部品を箱詰めにしてから運ぶような，重量的には一人でも運べる作業の場合であれば両者の作業量は等しくなるでしょうか．複数の人が協力して一つの作業を行う場合には，その作業をさらに細かく分割（細分化）して各担当者に割り当てる「分業（division of labor）」が行われることが一般的です．これは分業によって，先の協力と同じく一人あたりに求められる能力が低くなることもありますが，「専門化（specialization）」が促進されて効率向上が期待できることも大きな要因です．担当者が特定の作業に集中して取り組むことで，作業の習熟がより速いペースで進むだけでなく，複数作業を切り替えるために必要な準備・片付けの時間（段取り時間）を節約することもできます．この小目的はさらに細かな目的や作業に再細分化されることもありますが，作業の細分化が進むほど作業内容の単純化や同じ作業の繰り返しの発見も行いやすくなるため，作業の定型化も行いやすくなり，その作業を行うために必要な能力や経営資源も少なくなります．

　このような分業によるメリットが存在する一方，分業では本来一つの作業を複数人で行うために，それらの作業結果を最終的に統合する必要が生じます．なぜなら，分業とは一つの大目的を達成するための大作業をいくつかの小目的に細分化した上で各小目的を達成するための小作業に分割して実施することと同じであり，部分的な小目的の達成だけでは大目的の達成につながらない可能性が高いためです．例えば部品を箱詰めしてから15箱分運ぶ作業を3人で均等量に分ける形の分業の場合，1人が作業できない場合でも10箱分の部品は運ぶことができます．しかし，箱詰め，運搬，取り出しという異なる3種類の作業に分割して各自が担当する分業の場合，1人でも作業ができなくなると全体の作業が完遂できなくなりますし，前の作業のミスや遅れが後ろの作業に影響を与えることになります．このような状況を避けるため，分業では担当者間での「調整（coordination）」が行われます．一人がすべての作業を担当する場合，その担当者は自分の作業の内容や結果を分かっているため，作業をしながら自分で調整できます．しかし，分業によって各作業を別の担当者が担当する場合，

その作業の内容や結果は知らされるまで分からないため，担当者間の調整がなければ最終的な統合がうまくいかない可能性があります．大きな岩の運搬のように作業が細分化されていない場合でも，各自の力が同じ方向・同じタイミングでなければ発揮されなければ集約できないために調整は必要となります．この調整のためにも時間や労力，金銭といったコストが必要となり，これが分業のデメリットであると言えます．

　これらの協力・分業のメリットとデメリットを考慮した上で，実際の組織は形成されています．ここでいう組織とは単なる人の集まりではなく，特定の目的を達成するために定められた規則に従う人々の集まりです．企業における規則の中には，組織におけるポジション（職位）ごとに行うべき仕事（職務）と経営資源の使える範囲（権限）が含まれています．これらを明確にすることで，組織の中の個人は組織における自身の位置および達成すべき目的と作業，そして自らの達成すべき目的のために利用できる経営資源を把握することができます．この経営資源の中には同じ組織に属する他者（同僚や上司・部下）も含まれており，他者への協力の要請や指示の範囲を事前に定めておくことで，調整コストを低く抑えながら専門化による利点を活用できます．このような組織に関する規則を定め，各ポジションに適切な人員を配置することは組織のマネジメントの重要な要素の一つです．

4.2　業務と組織

　実際の企業における事業活動はいくつかの活動の組み合わせを通じて行われますが，それぞれの活動のことを「業務（operation, business operations）」と呼び，開発・生産（製造）・販売（営業）・人事・経理のような職能（機能，function）による分類が使われることが一般的です．また，これらの業務のうち，企業目的に直接貢献する業務，具体的には顧客に提供する財やサービスに直接携わる業務を「ライン業務」，ライン業務をサポートすることで企業目的に間接的に貢献する業務を「スタッフ業務」と呼ぶことがあります．また，組織は一般的に階層構造になっており，上部の階層に所属する人が下部の階層に所属する人への命令権限を持つことを前提とすると，階層の下部に所属する人数が多く，階

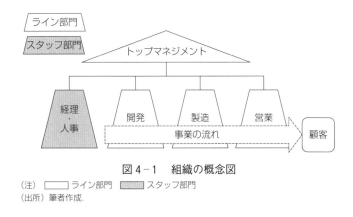

図 4-1　　組織の概念図

（注）□□□ ライン部門　□□□ スタッフ部門
（出所）筆者作成.

層の上部になるほど所属する人数が少ないピラミッド構造になり，組織全体の階層の上部に属する人々を「トップ・マネジメント」と呼びます．図 4-1 は後述する職能別部門制組織を前提とした組織の概念図です．組織全体のピラミッド構造が何らかの基準（この場合は職能の違い）で小さなピラミッド構造（部門や部署）に分割され，その小さなピラミッド構造の中で活動を効率的に行い，それらを他の部門へと流していくことで顧客への財やサービスの提供という事業を組織全体として実現しています．

　経済産業省による企業活動基本調査における企業の本社・本店の常時従業者数では，スタッフ業務は本社機能部門，ライン業務は現業部門として把握されていると考えて良いでしょう．このうち，本社機能部門の情報処理部門と現業部門の情報サービス事業部門はどちらもプログラム作成や情報処理・提供サービスという同じような業務を含んでいます．これらを主に社外の顧客に対して提供する情報通信業を行う企業ではこれらの業務はライン業務になりますが，製造業や販売業を支援するための社内業務として行われていればスタッフ業務になるように，職能による分類は，業種や事業内容によって職能の構成が大きく異なり，重要な職能には多くの経営資源が投入されます．表 4-1 は本社・本店における本社機能部門と現業部門に占める各部門の常時従業者数の割合を表したもので，産業間でその部門の割合が突出して多い箇所を太字で示してあります．「鉱業，採石業，砂利採取業」と「製造業」の従業者数の割合が現業

44

表4-1　産業別の本社・本店の常時従業者数（部門）

区分	本社機能部門					現業部門					
産業	調査・企画部門	情報処理部門	研究開発部門	国際事業部門	その他（総務、経理、人事等）	製造・鉱業・電気・ガス部門	商業事業部門	飲食店部門	情報サービス事業部門	サービス事業部門	その他
鉱業, 採石業, 砂利採取業	9%	4%	15%	19%	53%	71%	14%	0%	—	2%	12%
製造業	9%	4%	32%	3%	51%	78%	15%	0%	0%	1%	6%
情報通信業	13%	15%	8%	2%	62%	0%	5%	1%	83%	8%	3%
卸売業	14%	6%	12%	4%	64%	9%	74%	0%	2%	5%	10%
小売業	17%	4%	1%	1%	77%	7%	69%	2%	1%	10%	11%

（出所）「平成30年経済産業省企業活動基本調査」1-8に基づいて筆者作成.

部門の「製造・鉱業・電気・ガス部門」で突出して高い理由は容易に想像できるでしょう．一方の本社機能部門ではどの産業も「その他（総務，経理，人事等）」が高くなっていますが，「製造業」では「研究開発部門」が，「鉱業，採石業，砂利採取業」では「国際事業部門」が比較的高い割合となっています．これを見ると産業によって人的資源の配分が違うことが分かります．

このように，組織における仕事（業務）にはさまざまなものがありますが，これらの業務をどのように配置すれば目的達成にとって有利に働くのでしょうか．組織における活動が分業を通じて行われるのであれば，考え方としては分業のメリットを大きくする方向とデメリットを小さくする方向があります．具体的には，専門化を重視して組織化するアプローチと調整コストの抑制を重視するアプローチです．専門化を重視する場合は同じような職務の担当者を集めてグループ化するため，営業部や製造部といった職能別部門が業務遂行の中心単位となります．「職能別部門制組織（機能別組織, functional organization)」では，同じような業務は特定の担当者が集中して行えることに加えて，複数の担当者間で同様の業務を行う場合でも同じ部門内の共通の上司を通じて協力・調整を行いやすいため，専門化による効率向上を期待できます．ただし，部門間での

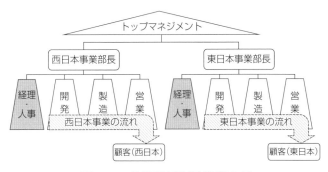

図4-2 地域別事業部制組織の例

（出所）筆者作成.

調整については調整コストが大きくなるため，部門間の協力・調整が頻繁に必要な場合には効率が悪くなります．これに対して，調整コストの抑制を重視する場合に用いられるのが，頻繁に調整する必要のある職務の担当者を集めて共通の上司の元にグループ化する「事業部制組織（divisional organization）」です．この場合，製品や担当地域ごとに必要な複数種類の職務の担当者を集めてグループ化された「事業部（division）」単位で業務を行うため，調整コストが大きい事業部間での協力・調整の頻度は低くなります．事業部制組織では事業部ごとに同じような業務を個別に行うことになるため，職能別部門制組織に比べると専門化による効率向上が不十分になる傾向がありますが，製品や顧客ごとへの対応には優れているため，コストよりもこれらの対応が競争優位につながる場合には事業部制組織が採用される傾向があります．図4-2は地域別事業部制組織の例です．東日本と西日本の顧客の違いに個別対応できるよう，地域別に事業部を設置することで，図4-1のような職能別部門制組織で一律に対応するよりも高い支持を得られるかもしれません．

4.3 管理者の役割

企業組織はピラミッド型の階層構造を形成することについては先ほど説明しましたが，この階層構造のことを管理階層または組織階層と呼びます．私たちが知っている社長，専務，常務，部長，課長，係長といった役職はこの階層と

深く関わっていますが，これらの役職は会社機関のように法律で定められたものではないため，会社によっては存在しない役職があったり名称が異なったりすることもあります．組織階層はその組織全体の階層構造を意味しており，現場での作業担当者も含まれます．組織階層の中でも経営者や管理者のみの階層構造が管理階層であり，その役割の違いからトップ・マネジメント，ミドル・マネジメント，ロワー・マネジメントの三つのレベルに分けることが一般的で，これらに属している人々がいわゆる経営者や管理者です．

　トップ・マネジメントは会社全体に関する意思決定を行う管理階層であり，第3章で説明した株式会社の会社機関では代表取締役や取締役会がトップ・マネジメントに相当し，管理階層上の役職では社長が代表取締役となり，専務や常務の一部が取締役となることが多いようです．一般的に会長という役職は管理階層では社長の上位にありますが，その会長が代表取締役ではない場合，実際の権限は代表取締役である社長の方が強くなります．しかし，会長が代表取締役でもある場合（代表取締役を複数名置くことは認められています），法律上は同じ権限を持つことになるため，管理階層上でより高い地位にある会長がその会社の実質的なトップであるといえます．トップ・マネジメントの役割は，事業の進出・撤退や企業合併など，企業全体の方針に関わる意思決定です．これらの意思決定は同じ状況で繰り返されることが少なく，過去の成功例に基づいたマニュアル化（定型化）が有効ではないため，一から考えなければなりません．このような意思決定を戦略的意思決定といいます．

　ミドル・マネジメントはトップ・マネジメントとロワー・マネジメントの間に位置します．トップ・マネジメントと違い，ミドル・マネジメント以下は該当する会社機関が存在しませんが，管理階層では部長や課長がこれに相当し，中間管理職と呼ばれることもあります．ミドル・マネジメントの役割はトップ・マネジメントが定めた企業全体の方針に従って業務を行えるようにロワー・マネジメントに具体的な方法や目標を指示することですが，その逆にロワー・マネジメントから上がってくる現場の声や情報を集約・整理してトップ・マネジメントに伝えることも重要な役割です．このミドル・マネジメントが行う意思決定を管理的意思決定といいますが，これはトップ・マネジメントほど不規則ではないものの，ロワー・マネジメントほど同じ状況が繰り返されるわけでは

ないため，定型化が可能な程度は限定的です．

　ロワー・マネジメントは現場の第一線で事業活動を指揮・統制する管理職のことで，管理階層では係長や主任に相当します．ロワー・マネジメントはミドル・マネジメントから与えられた方法や目標に従って現場の管理を行い，現場の従業員への指示や調整を通じて事業の実行を支援します．組織がうまく設計されていれば，ロワー・マネジメントが行う業務は定型業務が中心となるため，反復的でありマニュアル化で対応可能な意思決定が多くなります．このような意思決定を業務的意思決定といいます．

　これまで見てきたように，管理階層の役割は上層ほど非定型的な要素が多く，下層になるほど定型的な要素が増えていきますが，これは組織階層でロワー・マネジメントの下に位置する現場の作業担当者でも同じです．組織階層の下層ほど仕事が定型的になる，言い換えれば自由度が少なくなることが気に入らないという人もいるかもしれませんが，これは企業が目的達成のために複数名間の分業と協力を使うツールであるため，ある程度は避けられないことです．企業の目的達成のため，トップ・マネジメントは変化する経営環境を考慮した上で何らかの活動を選択しますが，具体的な活動まで決定するとなると，考慮すべき情報や状況が多くなりすぎます．なので，トップ・マネジメントは企業全体の方向性を決めた上で，具体的な活動の決定と実行はミドル・マネジメントに任せることになります．トップ・マネジメントから任された時点でミドル・マネジメントの選択の自由度は小さくなっていますし，利用可能な経営資源などの制約でより小さくなりますが，その分だけ具体性の高い計画などを決定した上で，実行はロワー・マネジメントに任せます．ロワー・マネジメントは任された計画を複数の担当者に割り当てて実行するため，担当者からすると割り当てられた計画は自由度が低いと感じるかもしれません．それは組織階層を下るほど計画が具体的になり，経営資源や能力の制約があっても実行可能なように分割していくという組織の性質上，仕方がないことなのです．

　このような管理者の役割，つまり個人と組織のマネジメントを，経営学では「getting thing done through others（他者を通じて物事を成し遂げる）」と定義し，その具体的な活動としてplan（計画）－do（執行）－see（統制）が挙げられることがあります．「計画」とは目的や状況に応じて行うべきことを事前に決定する

ことで，他者がこの計画を実行できるように組織化や命令・調整を行うことが「執行」，事前の計画と活動結果を比較・検討することが「統制」であり，統制の検討結果を次の計画に反映させるというサイクルを構築することで，より効率的な目的達成が期待できます．実務の世界では統制を「check（評価）」と「改善（act）」に分けた「PDCAサイクル」が一般的で，他者をマネジメントするだけでなく，自身の活動を改善するためのフレームワークとしても用いられています．

　このように，管理者とは，自分自身が価値を直接生み出す活動に従事するというよりは，部下が実行するべき計画やマニュアルを策定し，実際の業務実行に際しては部下を配置した上で指揮・調整を行い，業務活動の過程や結果と計画の比較・検証を通じて業務をより効率的に運営する，つまりマネジメントを行うことを主たる役割とした存在なのです．

　分業が正しく機能する人前提は，各担当者が割り当てられた仕事をちゃんと実行することであるため，各担当者から目的達成のための行動を引き出すことも管理者の重要な役割の一つとなります．このための方法の現在の主流はモチベーションを高めることです．「モチベーション（motivation）」とは，組織のメンバーが組織のために行動しようという意欲のことであり，適切な「誘因（インセンティブ，incentive）」を提供することで高めることができます．組織がメンバーに提供する誘因は金銭に代表される経済的報酬と，人間関係や達成感などの非経済的報酬の二つに大きく分けられ，どのような誘因がモチベーションを向上に有効かはメンバー各自の個人的動機や欲求によって違ってきます．

　この誘因の提供（処遇）をメンバーの貢献や能力に応じて行うためには各メンバーの評価が必要であり，これも管理者の重要な役割の一つです．この評価には業務の成果に基づく評価と業務遂行の過程に基づく評価があります．成果に基づく評価は最終的な成果（実績）を測定すればよいので管理者の負担は小さくなる一方，過程に基づく評価の場合は業務遂行過程の全体を監視する必要が生じるため，管理者の負担は大きくなります．ただ，どのような評価であっても，その評価軸や評価項目がメンバーにとって納得できるものでなければ，メンバーの不満は高くなり，結果としてモチベーションは下がるでしょう．

4.4　組織の境界の変化

　これまで組織を通じた目的達成について考えてきました．では，もしも組織が存在しない状態であれば経済活動はどうなるでしょうか．組織が存在しない場合，自然から消費者までの経済活動はすべて一人の個人が担当することになります．農業者が近所の消費者に農作物を販売する程度であれば可能かもしれませんが，農業者と消費者が地理的に離れていたり，農業のための肥料や資材が必要になるようであれば，それを一人の個人だけで行うためには多くの経営資源とコストが必要になります．一人の保有する経営資源では不足するのであれば，複数の個人がそれぞれ別の経済活動を担当する個人事業主となり，各自の活動の成果を市場取引で結びつけることで，経営資源の問題は解決できるかもしれません．これとは逆に，複数の個人が協力して　つの組織（会社）を形成して，各自の活動を調整・統合することで経営資源の不足をカバーすることもできます．

　市場取引を通じて各活動を結びつけるためには，取引される製品・サービスの品質や価格，納期などの取引条件を明確にした上で取引相手を探索し，その取引が確実に実行されるように監督しなければなりませんが，これらにはコストが必要になります．もう一方の組織を形成して各活動を結びつける場合には各個人と組織との間に雇用契約があり，市場取引よりも関係が長期間に渡るため，探索や監督のコストは低くなる傾向があります．このようなコストを「取引コスト（transaction cost）」と呼び，組織内で発生する調整のためのコストも広い意味では取引コストに含まれます（Milgrom. and Roberts, 1992：邦訳31-32）．

　この取引コストはさまざまな要因に影響を受け，そのような要因の一つに情報伝達コストがあります．活動の調整は情報伝達を通じて行われるため，情報伝達コストの低下は組織の調整コストの低下につながり，組織の大規模化を可能にします．組織の大規模化は組織の保有する経営資源の増加につながりますが，その質と量は市場全体よりも劣らざるを得ません．そのため，組織は自社単独で担当した方が有利な範囲までは組織の活動範囲を拡大し，それ以外の活動については市場取引を利用しています．

　情報伝達コストの低下が組織の大規模化につながるのであれば，昨今の情報化の進展によって企業はますます大規模化しそうですが，情報化の進展は情報を単に伝達するコストだけを低下させたのではなく，情報の獲得・記録・検索などの情報処理コスト全般を低下させました．その結果，従来は社内で行っていた業務を外部に委託して調達するアウトソーシング（outsourcing）に必要な作業が行いやすくなったため，アメリカの多くの産業では企業の平均規模が小さくなっていると言われています（Malone, 2004：邦訳55-60）．日本においても，企業活動基本調査では回答企業の7割程度がアウトソーシングを利用するほど一般的になっており，一時的な取引だけでなく，長期契約を結ぶものもあります．アウトソーシングの内容によっては社外の組織に委託するのではなく，社外の個人に委託することも可能であり，「不特定の人（crowd＝群衆）に業務委託（sourcing）するという意味の造語で，ICTを活用して必要な時に必要な人材を調達する仕組み」であるクラウドソーシングの利用も増加しています（総務省，2018）．

　このようなアウトソーシングが可能になるためには，委託した業務を成果に基づいて評価できる必要があります．逆に言えば，そのような業務については自社内で実施するよりも外部調達した方がコストは低くなるかもしれません．しかし，自社が容易に外部調達できる業務は他社も調達可能である可能性が高いため，そのような業務を組み合わせて提供できる財やサービスは他社が模倣した結果として同質化し，最終的には低価格でしか競争できなくなる可能性もあります．また，アウトソーシングは一種の売買契約に基づいて行われますが，発生するかもしれないすべての変更を事前に取引条件に含めた契約を結ぶことは不可能です（契約の不完備性）．これらの事態を避けるため，コスト的に有利な外部調達ではなく，従業員と雇用契約を結んで自社内で業務を実施することを選ぶこともあります．これは市場取引に比べると雇用は長期間継続するために自社独自の業務に習熟させて自社の独自性を高めやすいことに加えて，雇用契約は従業員が指揮に従って仕事を行うことを前提としている不完備契約であり，経営者の指示で柔軟に仕事を行わせることができるためです．この雇用契約の不完備性を悪用できないように，経営者がしてはならないことが各種の労働法で定められています（江口，2015：236-245）．また，クラウドソーシングや

副業のような働き方が一般化すれば，労働者側は条件の悪い職場から自発的に離脱して，より条件の良い職場に移動するようになるかもしれませんが，その結果として組織の境界は今までのように比較的固定されたものではなく，必要に応じて柔軟に変更される曖昧なものになるかもしれません．

ま　と　め

　企業における目的達成は組織を通じて行われることがほとんどですが，実際に業務を行う部門の配置は，メリットの強化とデメリットの軽減のどちらを優先するかによって変わってきます．また，組織はいくつかの階層を持つピラミッド構造になりますが，管理者が所属する階層に応じて求められる役割は違ってきます．管理者は「他者を通じて物事を成し遂げる」というマネジメントをplan-do-seeやPDCAという活動のサイクルを通じて実施しており，メンバーからの貢献を引き出すためにモチベーションを高めるという個人のマネジメントも管理者の重要な役割です．また，現在はアウトソーシングの利用が増加した結果，以前に比べて組織の境界が曖昧になりつつあります．

参考文献

Malone, T. W.（2004）*The Future of Work*, Harvard Business Press（マローン，T. W.『フューチャー・オブ・ワーク』高橋則明訳，ランダムハウス講談社，2004年）.

Milgrom, P. and J. Roberts,（1992）*Economics, Organization & Management*, Prentice Hall（ミルグロム，P. ／J. ロバーツ『組織の経済学』奥野正寛・伊藤秀史・今井晴雄・西村理・八木甫訳，NTT出版，1997年）.

江口匡太（2015）『大人になって読む経済学の教科書』ミネルヴァ書房.

金井壽宏（1999）『経営組織』日本経済新聞社.

崔英靖（2016）「第5章　組織と個人のマネジメント」崔英靖・大西正志・折戸洋子編『ここから始める経営入門』晃洋書房，63-73頁.

沼上幹（2003）『組織戦略の考え方』筑摩書房.

経済産業省（2019）「平成30年企業活動基本調査確報——平成29年度実績——」<https://www.meti.go.jp/statistics/tyo/kikatu/result-2/h30kakuho.html>，2019年9月14日.

総務省（2018）「平成30年版　情報通信白書——クラウドソーシングの広がり——」<http://www.soumu.go.jp/johotsusintokei/whitepaper/ja/h30/html/nd144420.html>，2019年9月14日.

補論　労働契約

　第4章では組織のマネジメントについて説明がありましたが，多くの人は組織に属して働いています．「働く」すなわち労働についてはたくさんの法律による決まりごとがあり，組織で働く条件や職場のルールを定めている就業規則や労働組合がある組織ではそこで取り決めた労働協約などで，労働に関する権利や義務が謳われています．ここで述べる労働契約も，売買の契約などとは違い契約する当事者双方が合意するだけでは足りず，労働に関する法律に沿って決められている内容を網羅したものを組織と組織で働く個人が取り交わすことになっています．

労働に関する法律
　労働に関する法律では，働く人のことを労働者，その人を雇う企業などを使用者，と呼びます．労働契約とは，「各個の労働者と使用者との間において，前者は使用者のために労働を提供し，後者は報酬を与えることを約する契約」（新村編，2016）です．労働契約と類似の契約に「業務委託契約」や「業務請負契約」などがあり，労働とその対価について取り決めるという意味ではよく似ていますが，取引の対象が「人」か「業務」か，というところが明らかな相違点といえます．つまり，労働契約とは，特定個人がどういう条件で働くか，ということを定めるものです．さらに，労働契約で取り決める内容については法律で絶対的明示事項（必ず明示しなくてはならない事項）と相対的明示事項（規程があれば明示しなくてはならない事項）が決められています．絶対的明示事項とは，労働契約の期間，就業場所と従事する業務，始業・終業の時刻と所定労働時間を超える労働（残業）の有無，休憩時間，休日，休暇，就業時転換，賃金の決定や計算および支払の方法と締め支払日，昇給，退職（解雇も含む）に関する事項で，昇給に関する事項以外は書面で示さなくてはならないとされています．労働契約は，口頭の約束でも有効ですが，労働基準法で労働条件の明示を使用

者に義務づけており一部は必ず書面で交付しなくてはなりません．労働契約は，使用者と労働者が対等の立場で決定すべきものですから，両者の自由意思でお互いが承諾すれば有効となるはずですが，働く人間そのものを取引の対象とする契約であることに加え，労働者は使用者に比べ経済的に弱い立場であることが多いので，契約自由の原則（個人の自由）に委ねず，労働法などによる保護のもとに契約を成立させる（水町，2019）とされており，労働者保護の観点から本人が承諾していても就業規則や労働協約が存在する場合にはそれらに反する労働契約はその部分については無効となります．すなわち，労働条件が労働者にとって有利な場合は労働契約で定めた条件が優先されますが，不利な場合は就業規則や労働協約，労働に関する法律で定めた条件が適用されることになります．そのうえで，労働契約を締結すると労働関係が成立し，使用者と労働者双方に権利と義務が生じます．使用者の義務の主なものは，労働者の生命や身体の安全を確保するための安全配慮義務や賃金支払義務，労働者を使用する義務などがあります．一方で，労働者の義務としては，労働する義務，使用者の指揮命令に服従する義務，能力の向上に努める義務，秘密保持義務などがあります．これらの労働契約で定められた条件が尊重されることは，どのような組織においてもどのような場合にも働くことの大前提となる重要なものです．

多様な働き方と労働契約

　昨今では，同じ職場においても働き方が多様になってきており，それに伴い労働契約も皆が同じような労働条件で取り交わすものではなくなってきました．例えば，労働契約で最も重要だと考えられる契約期間を比較してもさまざまな契約が存在します．いわゆる正社員と呼ばれる労働者は，「期間の定めのない」契約です．期間の定めのない契約の労働者が，退職の意思表示をしたうえで使用者と双方合意のうえ期日を定めて退職する場合は，労働契約の「合意解約」となり，自己都合により労働契約は終了します．また，多くの組織では定年によって「期間の定めのない」労働契約が終了しますが，定年制は就業規則などで一定年齢の要件を定めて一律に労働者に適用するもので，会社都合による労働契約の終了となります．会社都合による労働契約の終了には，定年によるもの以外に解雇がありますが，解雇については使用者が権利を濫用しない

ように客観的合理性と社会的相当性が求められており，労働契約を結んで労働関係が成立した人を簡単に辞めさせることはできません．

　また，「期間の定めのない」労働契約に対して「期間の定めのある」労働契約（有期契約）で働く人がいます．その名のとおり一定の契約期間を定めた労働契約ですが，期間は法律で上限を原則 3 年と定めています．さらに厚生労働大臣が認める専門的知識を保有する労働者については 3 年を超えて 5 年以内の有期契約も認められています．他にもいくつか特例で期間を定めることができる職業や業種がありますが，いずれにしても有期の契約であり，契約更新を行わず期間の満了をもって労働契約を終了できる，「雇止め」が使用者には認められています．有期契約の労働者が安心して働くことができるためのルールはさまざまありますが，なかでも，労働契約法が2013年 4 月から改正施行され，有期労働契約が更新により通算 5 年を超えたときは，労働者の申込みにより，無期労働契約に転換できるルールができました．この無期転換のルールができたことで，有期契約で長く働く人が雇止めの不安から解放され安定して働くことができる権利を得ることになりました．

　有期労働契約で働く人には，派遣社員という働き方の人も増えています．派遣社員の場合は，人材派遣事業の会社と雇用契約を締結し特定の派遣先で働きます．2015年の労働者派遣法の改正により，派遣社員は「同一の組織で 3 年以上勤務することができない」と定められ，3 年継続して同一の組織で働く派遣社員には無期雇用に転換する選択肢ができ，無期雇用派遣（常用型派遣）として働くことができるようになりました．ちなみに，派遣という働き方には，常用型派遣と登録型派遣の 2 種類があり，登録型派遣とは，派遣社員が派遣先の組織に勤務している期間だけ，派遣会社との間に労働契約が成立する仕組みになっています．

　このように，同じ職場でさまざまな契約期間や契約形態で働く人が一緒に仕事をする状況が珍しくなくなり，それぞれが，自分の契約期間はどうなっているのかを認識し安定した働き方を実現していくことが重要な時代になってきました．一緒に働く者同士も他者の契約についてはよく知らないことも多いと思いますが，それぞれの労働契約が尊重され，お互いの権利や義務を理解したうえで，協力しながら助け合って協働していくことがこれからの組織や働く人に

は求められています.

　日本では新卒一括採用で多くの人が働き始めます．学生のうちに就職活動を行い，卒業前に内定を得て，卒業後に組織に入ります．では，新卒の労働契約はどの時点で成立したと言えるのでしょうか？　労働に関する法律には，内定についての定義はありませんが，判例のなかで内定の時点で労働契約は成立するが「解約権留保付労働契約」であるとされています．解約権留保付とは，卒業できなかった場合や虚偽の事実が判明した場合などの合理的理由と社会通念相当とされる事由がある場合には，労働契約を取り消すことができるというものです．また，入社後一定期間の試用期間を設けている場合，それも内定と同様に解約権留保付労働契約とされています．つまり，試用期間であっても使用者と労働者の間には労働契約は成立しており，試用期間終了時に本採用拒否をすることは解雇とみなされ解雇要件を満たしていなければ認められません．

　労働契約は，働く人にとっても組織にとってもたいへん重要な契約であり，あらゆる労働は契約のもとに成立するということを覚えておきましょう．

参考文献

玄田有史（2018）『雇用は契約　雰囲気に負けない働き方』筑摩書房.
新村出編（2016）『広辞苑　第六版　DVD-ROM版』岩波書店.
水町勇一郎（2019）『労働法入門新版』岩波書店.

第5章

事業活動等と簿記・会計

はじめに

　企業経営者が，自らの事業計画書に基づいた事業を展開するために不可欠な
要素とは，活動するための資金（カネ）・調達すべき施設設備（モノ），そして雇
用すべき従業員（ヒト）などの経営資源です．これらの経営資源を駆使して，
製品等を生産・販売することで，支出額以上を回収し，儲け（利益）を得てい
ます．したがって，調達した資金をさまざまなものへと投下し，より多くの資
金を回収することで，事業は継続されます．支出額よりも少なく回収すれば，
事業はジリ貧になり，やがて倒産するでしょう．この章では，企業の歴史を辿
りつつ，企業の事業活動等と簿記・会計との関わりを利益計算に焦点を当てつ
つ取り上げてみましょう．

5.1 大航海時代と当座企業

　複式簿記が誕生したのは，13世紀から14世紀の中世イタリアであり，地中海
貿易が盛んでした．しかし，その後15世紀中頃には，オスマントルコが地中海・
シリア・エジプト方面に進出したことで，イタリア諸都市が独占していた地中
海貿易の東ルート（絹の道など）が崩壊しました．そのため，香辛料などを求め
たヨーロッパ人，主としてポルトガル人とスペイン人が，インド洋への航路開
拓（アフリカ西岸経由・大西洋）を始めたことで，大航海時代へと突入しました．肉・
魚の保存技術がないこの時代では，保存に不可欠の香辛料は銀と等価で，非常

に貴重でした．香辛料といっても胡椒（食欲増進）だけではなく，ナツメグ（臭み消し）やクローブ（殺菌・抗菌作用）は当時インドネシアのモルッカ諸島でしか産出されませんでした．この香辛料貿易にいち早く目を向けたのがポルトガルで，その国をジャワ島で駆逐したのがオランダでした．

　このオランダと後に激しく争ったのが，イギリスです．イギリスは，1600年に東インド会社を設立させ，1615年にはモルッカ諸島（アンボイナ島）に進出し，香辛料貿易を行いました．この会社は，エリザベスⅠ世の特許状による東洋貿易を一手に引き受ける会社で，一航海ごとに資金調達して，清算および解散する当座企業でした．対立が激しくなり，1623年にオランダがイギリス商館を衝撃しました（アンボイナ事件）．これを契機に，オランダがアンボイナ島の権益を独占したことで，イギリスはモルッカ諸島から撤退し，インドに矛先を向けることになりました（後にイギリスでは，17世紀末以降に綿織物の需要が拡大し，やがて産業革命へと発展することになりました）．この頃の当座企業は，多くの出資者から資金を募り，船と本国の特産品を買って船乗りを雇い，異国に運んで売りさばいたお金で，異国の原産品を仕入れ，本国に戻って船とともに売りさばき，手許に残ったお金を出資割合に応じて分配することで解散していました．一航海ごとに解散する企業でしたので，この頃の会計は，半年か1年か2年かわからない不定期間の利益計算でした．また，利益は当初の調達額と最終的な手許残金額との差額でした．

5.2　株式会社の誕生

　当座企業に代わって誕生したのが，株式会社企業です．株式会社の起源は，少し遡って1602年にあたります．オランダが国際競争力を強化する目的で，14社による連合会社を一つにし，東インド会社を設立しました．これは，ネーデルランド連邦議会から特許状をもらい受けた独占企業で，株式会社の条件である「持分の証券化」・「出資者の有限責任制」・「取締役会の設置」・「継続企業」を満たしておりました．事業活動を継続的に行うために一定額の資金確保が必要であったことから，出資金の返還をしないこととして持分の譲渡を認め，定期的に儲けの分配（利益配当）を実施しました．その後，1664年にフランスが

東インド会社を株式会社化し，イギリスでは翌年に東インド会社を株式会社化
しました．18世紀に入ると，ロンドン等の都市で株式ブームが生じました．こ
れは，フランス・スペインとイギリス・オランダ・オーストリアとの間でスペ
イン継承戦争が1701年に勃発し，イギリス政府が財政難に陥り，1711年に国債
引受けを目的とした会社を設立し，財政再建を図ったことがきっかけでした。
この会社が大衆の投機熱を利用した南海会社でした．表向きは南アメリカ・太
平洋諸島との貿易独占権を付与された会社で，政府の狙いどおりに，株価は数
か月の間に10倍となったといわれています（南海バブル）．しかし，実体を伴わ
ないこともあって，また同様の実体のない泡沫会社も乱立してきたことで，常
軌を逸した投機ブームによる株価の急騰と暴落，およびそれに続く大混乱を招
くことになりました（南海泡沫事件）．株価暴落を受けて，1720年に乱立防止目
的の泡沫会社禁止法が制定され，株式会社は設立できなくなりました．

　しかし，18世紀末に転換期を迎えました．ボンベイ・マドラス・カルカッタ
に商館を設置し，インド支配を図ったイギリス東インド会社は，フランス東イ
ンド会社と争い，最終的に七年戦争で勝利し，インド覇権を決定づけました．
これ以降，紡績・織布・動力の諸部門における発明により，資本家は多数の労
働者を雇用し，機械化による大工場経営を進め，木綿工業が繁栄しました．そ
の背景には，都市人口の増大や戦争の影響によって穀物価格が騰貴したことで，
大地主が中小農民の土地や村の共同地を接収（農地の囲込み）し，資本家はこれ
を賃借して耕作技術を改良し，大規模農場を営みました．このため，多くの農
民が土地を失い，農業労働者として雇われたり，都市に流入して労働者となり
ました．技術革命においては，ジョン・ケイの飛び杼や，ハーグリーブス・アー
クライト・クロンプトンによる紡績機の発明，さらにはカートライトによる力
織機が発明され，加えてダービー親子のコークス製鉄法などで製鉄業が発展し
ました．また，ワットの蒸気機関改良（遊星式歯車）など蒸気機関の動力は紡績
業などにも拡大されるとともに，トレヴィシックが蒸気機関小型化に成功し，
フルトンの蒸気船・スチーブンソンの蒸気機関車の実用化もあって，水路・陸
路での交通網も発達しました（産業革命）．

　これを受け，1825年に泡沫条例廃止法が制定され，巨額の資金調達が可能と
なりました．また1844年に，会社登記法が制定され，法律要件を満たせば会社

設立ができることから，会社設立が容易となりました．巨額資金を必要とする鉄道・運輸などの会社は，株式会社形態により不特定多数の投資家から資金調達することで，巨額の設備投資を可能としました．また，そのために不可欠なことは株主配当です．配当の財源は一定期間に獲得した利益であることから，会計の領域では，期間的な利益計算の適正化が重要な課題となりました．

5.3　近代会計

近代会計の誕生

　産業革命以後，すなわち19世紀中頃から20世紀初頭にかけて，株式会社の普及により，資本主義の急速な発展がもたらされました．とりわけ，鉄道業では，総資産に占める施設設備（固定資産）の割合が増大しました．それまでは，企業経営は安定性を欠き，脆弱な経営基盤であったことで，企業解散を前提として債権者保護を根底に置いた財産計算を行う静態論会計中心で，企業財産は売却時価評価でした．しかし，増大した固定資産の売却時価を予想することが困難であるばかりか，使用目的で取得した固定資産を売却時価評価すること自体に合理性を欠いたものでした．もともと，債権者を中心とした時代では，債権者のために必要な会計情報（倒産した後に金銭がいくら残るか）を提供すればよかったわけですが，株主が台頭してきたことで，株主に対する配当財源としての利益をどう計算すべきか財産計算から利益計算に重点移行し，株主と同様に債権者にとっても倒産しない限りは，企業収益力は重要な会計情報と認識されるようになりました．したがって，さまざまな利害関係者にとって共通の関心は企業収益力で，そのために期間的な利益計算を重視する動態論会計が確立されました．そして，総資産のうちに占める固定資産の割合が高まることで，固定資産評価それ自体が会計上の中心的な問題となりました．固定資産は次第に価値を失い，やがては使用できなくなるため，耐用年数にわたって各事業年度にコスト負担させる必要があり，これが減価償却の誕生となりました．

二つの利益計算構造

　利益を計算する仕組みとしては，資産・負債アプローチと収益・費用アプロー

チがあります．前者は，一定期間における企業活動における企業の正味財産増加分を利益とみています．後者は，一定期間における事業活動結果である収益とその収益を獲得するための犠牲である費用との差額を利益とみています．

　資産・負債アプローチにおける利益計算構造では，期末純資産－期首純資産＝利益（純資産増加分）という算式に基づきます．ここでの期末純資産は期末総資産から期末総負債を控除することで，また期首純資産は期首総資産から期首総負債を控除することで求められます．ここでは，何が資産で，何が負債か，そしてそれぞれの金額がいくらかが重要となってきます．したがって，資産や負債の定義，およびその測定の仕方によって利益の大きさが異なります．

　収益・費用アプローチにおける利益計算構造では，収益－費用＝利益という算式に基づきます．ここでは，何が収益で，何が費用か，そしてそれぞれの金額がいくらかが重要となってきます．したがって，収益や費用の定義，およびその測定の仕方によって利益の大きさが異なります．

　ここでは，収益は純資産増加の原因と定義され，費用は純資産減少の原因と定義されます．そのため，利益は純資産の正味増加分となります．一見すると，収益・費用アプローチと資産・負債アプローチとは同じ結果をもたらすようにみえます．しかし，資産・負債アプローチは，まず資産を定義し，資産でなければ費用として扱われ，収益費用アプローチは，まず費用を定義し，費用でなければ資産として扱われるので，資産・負債の概念や範囲，収益・費用の概念や範囲が異なります．その結果，異なる利益をもたらします．これらのアプローチは，単純な計算構造ないし仕組みの違いではなく，より本質的な利益計算上の問題を抱えているわけです．

5.4　事業活動等と簿記・会計との関わり

企業における事業活動等と財務諸表

　事業活動は，本来の営業活動，それを支える金融活動，さらにはその他の活動に分けられます．営業活動とは，商品売買業では商品の仕入活動・保管活動・販売活動・代金回収活動以外にも，商品を販売するための広告活動なども含まれます．製造業では，原材料の購入活動・生産活動を通して製品を製造し，販

売活動へと繋げます．また，金融活動とは，活動資金を補うために金融機関な
どからの借入れや余剰資金の運用として外部への貸付けです．その他の活動と
は，遊休施設設備の売却処分など本来の営業活動に何ら関係のない活動です．

　こうした事業活動は株式会社自身が行う具体的な行為ですが，事業活動の中
で必然的・不可避的あるいは偶発的に生ずる経済事象も存在します．例えば，
商品売買業では，いつでも注文にも応じるように一定の在庫を維持しますが，
保管中に生ずる減耗や，製造業では原料の消費過程でのガス化・紛散による減
損等，さらには建物の焼失や金銭の紛失・盗難等がその例として挙げられます．

　企業の事業活動や経済事象を示す簿記の基本要素は，次の5つです．すなわ
ち，企業の財政状態に関わる資産・負債および純資産（資本）と，企業の経営
成績に関わる費用・収益です．企業の財政状態は貸借対照表という一覧表で示
されますので，その表に資産・負債および純資産（資本）が記載されます．また，
企業の経営成績は損益計算書という一覧表で示されますので，その表に費用・
収益が記載されます．では，次に貸借対照表と損益計算書が財政状態および経
営成績をどのように示しているのか，そこに記載される基本要素である資産・
負債・純資産（資本）・費用・収益とは何かを明らかにしましょう．

　貸借対照表では，以下の**表5-1**で示すように，左側に資産が記載され，右
側に負債・純資産（資本）が記載されます．資産・負債および純資産（資本）を
財産概念で捉えると，左側の資産は積極財産，右側の負債は消極財産とも呼ば
れますので，純資産（資本）は純財産（正味財産）を示すことになります．

　このように記載することで，貸借対照表の右側は企業への出資関係（資金の

表5-1

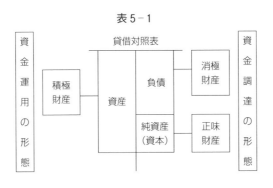

調達形態）を，左側は調達資金の運用関係（資金の運用形態）を示すといえるでしょう．このため，貸借対照表とは，どのように活動資金を調達したか調達状況と，調達した資金を何にいくら支出したか，その運用状況を明らかにするといった，一時点における企業の財政状態を示したものとされます．

　資産とは，将来の収益獲得潜在力であり，経済活動で必要とされる財貨・債権等で構成されています．具体的には，現金・商品・土地・建物・備品などの財貨と，売掛金・受取手形などの債権です．負債とは，将来における収益獲得潜在能力の犠牲であり，具体的には企業が負担する債務等で構成されています．具体的には，買掛金・支払手形などの債務です．純資産（資本）とは，資産総額から負債総額を差し引いた差額，すなわち純財産（正味財産）です．具体的には，株主から拠出された資本金や，配当の財源となりえる剰余金です．

　損益計算書とは，収益と費用の発生額を原因別に示し，その差額を一覧表にしたものです．そこでは，表5-2で示すように左側に費用が，右側に収益が記載され，その発生原因別に記載されます．左側の費用は厳密な意味で損失を含んでおり，収益と費用との差額が当期純利益を示すことになります．

表5-2
損益計算書（P/L）

費　用 （損失を含む）	収　　益
当期純利益	

　収益とは，企業の経済活動によって獲得されたもので，純財産の増加原因となるものです．具体的には，売上収益・受取利息・受取手数料・受取家賃・受取地代などです．費用とは，収益を獲得するために支払われた犠牲で，純財産の減少原因となるものです．具体的には，販売に係る給料・交通費・通信費・広告宣伝費や，一般管理活動に係る水道光熱費などです．

事業活動等と簿記との関わり

　簿記とは，事業活動等を貨幣数値によって把握するための記録計算技術です．

これには，単式簿記と複式簿記があります．単式簿記は，極めて単純かつ常識的な記帳を行う簿記です．小遣い帳や家計簿などがその例で，現金の収入・支出が記録されます．複式簿記は，一定の体系的な秩序のある記帳を前提とするもので，企業のあらゆる活動に関わる取引金額を原因と結果別に，二つ以上の取引要素別に，さらには借方・貸方別に二重に記入する特徴を有します．その意味で，複雑な記入方式の簿記とされ，左側を借方，右側を貸方といいます．

多くの企業は，主として利益獲得を目的としています．商品売買業では，調達資金（現金）を商品に投下し，その商品を販売することで，より多くの現金を回収します．こうした事業活動は，資産・負債・純資産（資本）という取引の基本要素と費用・収益という取引の基本要素で示されます．これらの基本要素は，勘定でその増減が記録されます．資産は借方で増加し貸方で減少するので，借方残となります．負債・純資産（資本）は，貸方で増加し借方で減少するので，貸方残となります．費用は借方で発生し貸方で消滅するので，借方残となります．収益は貸方で発生し借方で消滅するので，貸方残となります．

（借方）資産（貸方）		（借方）負債（貸方）	
増加	減少	減少	増加
【残】			【残】

（借方）純資産（資本）（貸方）	
減少	増加
	【残】

（借方）費用（貸方）		（借方）収益（貸方）	
発生	消滅	消滅	発生
【残】			【残】

その結果，貸借対照表の借方に資産を，貸方に負債・純資産（資本）を記載することで，一時点における財政状態を明らかにし，損益計算書の借方に費用を，貸方に収益が記載することで，一定期間における経営成績を明らかにします．

この勘定への記入を誤りなく行うために，事前に行うのが仕訳です．例えば，現金¥10,000を自己資金として事業を開始したとします．現金という資産が

¥10,000増加し，同時に資本金という純資産（資本）も¥10,000増加します．したがって，現金勘定の借方に¥10,000を，資本金勘定の貸方に¥10,000を誤りなく記入するために，以下の仕訳を行います．その上で，現金勘定と資本金勘定に同額を記入（転記）します．

　①　（借方）現　　　金　10,000／（貸方）資　本　金　10,000

　また，銀行から現金（資産）¥5,000を借り入れたとしましょう．現金という資産が¥5,000増加するともに，借り入れたことで借入金という負債も同時に¥5,000増加します．したがって，現金勘定の借方に金額を，借入金勘定の貸方に金額を誤りなく記入するために，次の仕訳をします．その上で，現金勘定と借入金勘定に同額を記入します．ただし，便宜上無利息とします．

　②　（借方）現　　　金　5,000／（貸方）借　入　金　5,000

　この現金を使って，従業員の給料¥1,000を支払ったとしましょう．給料という費用が¥1,000発生（増加）し，現金という資産が¥1,000減少します．従業員から労働サービスの提供を受け，その対価として給料を支払ったわけですから，このサービスの費消は売上収益を獲得するための犠牲を意味する費用の発生となります．

　③　（借方）給　　　料　1,000／（貸方）現　　　金　1,000

　さらに，残っている現金で，商品¥6,000と備品¥5,000を購入して支払ったとしましょう．この商品¥6,000は仕入原価であり，商品は販売することで売上という収益を獲得するための犠牲となる費用として捉えます．そこで，商品については仕入という費用が¥6,000発生（増加）し，また備品という資産が¥5,000増加し，一方で現金という資産が¥11,000減少します．

　④　（借方）仕　　　入　6,000／（貸方）現　　　金　11,000
　　　　　　　備　　　品　5,000／

　加えて，この商品の3分の2を¥8,000で販売し，現金で受け取ったとしましょう．現金¥8,000が増加するとともに，売上（収益）も¥8,000発生します．

⑤　（借方）現　　　金　　8,000／（貸方）売　　　　上　　8,000

　一方で，水道光熱費￥500を現金で支払ったとしましょう．水道光熱費という費用が￥500発生し，現金が￥500減少します．水道光熱費は一般管理活動における費用であり，売上収益を獲得するための犠牲を意味します．

⑥　（借方）水道光熱費　　　500／（貸方）現　　　金　　　500

①から⑥までの仕訳を各勘定に記入すれば，次のとおりとなります．

```
        現    金  1           備    品  3         借  入  金  4
  ①10,000 │③1,000      ④5,000 │              │②5,000
  ②5,000 │④11,000                              
  ⑤8,000 │⑥500           資  本  金  5         仕    入  6
                                 │①10,000   ④6,000 │

        給    料  7           水道光熱費  8           売    上  9
  ③1,000 │             ⑥500 │                     │⑤8,000
```

決算と財務諸表作成

　期末を迎え，1年間の利益計算を行うこととします（決算）．商品の在庫を確認すると，期末の売残りが￥2,000あったので，決算整理仕訳を行います．売れ残り分￥2,000を仕入勘定から繰越商品勘定（資産）に移し，次期に繰り越します．また，備品￥5,000は耐用年数5年とします．そのため，5年間にわたって収益獲得活動に貢献するので，5年間の費用として減価償却します．残存価額は0とすると，以下のとおりとなります．ただし，記帳法は直接法です．

⑦　（借方）繰越商品　2,000／（貸方）仕　　　入　　2,000
⑧　（借方）減価償却費　1,000／（貸方）備　　　品　　1,000

```
        繰越商品  2                仕    入  8
  ⑦2,000 │              ④6,000 │⑦2,000

        減価償却費  9              備    品  3
  ⑧1,000 │              ④5,000 │⑧1,000
```

　決算手続きとしては，英米式決算法が一般的です．英米式決算法は，個人企業の場合，以下の手順で行われます．すなわち，① 収益勘定・費用勘定の残高を損益勘定に振り替えます．② 損益勘定の当期純利益又は当期純損失を資本金勘定に振り替えます．③ 収益勘定・費用勘定および損益勘定を締め切ります．④ 資産勘定・負債勘定および純資産（資本）勘定を締切り，繰越試算表を作成します．

　ここでは，すべての費用と収益を損益勘定に振り替えた場合は，以下のとおりです．損益勘定が貸方残高であれば，当期純利益を意味し，借方残高であれば，当期純損失を意味します．結果として，貸方残高なので当期純利益￥1,500です．

	損	益	
仕　　入	4,000	売　　上	8,000
給　　料	1,000		
水道光熱費	500		
減価償却費	1,000		

損益勘定の貸方残高￥1,500を資本金勘定に振り替えます．

　（借方）損　　益　　1,500／（貸方）資　本　金　　1,500

　これにより，損益勘定は差引残高がゼロとなります．この結果，次年度において，次年度の損益が正しく計算できます．また，資本金勘定は￥10,000＋￥1,500となるので，その結果として￥11,500となります．ここで，あらためて表5-3で示すように，資産・負債および純資産（資本）勘定の残高を繰越試算表に記入し，借方合計と貸方合計が一致していることで，各勘定残高が正しいことを確認できます．

表5-3

繰越試算表

借　　方	元丁	勘定科目	貸　　方
10,500	1	現　　金	
2,000	2	繰越商品	
4,000	3	備　　品	
	4	借入金	5,000
	5	資本金	11,500
16,500			16,500

　そこで，**表5-4**のように損益勘定に基づいて損益計算書が作成され，**表5-5**のように繰越試算表に基づいて貸借対照表が作成されます.

表5-4

損益計算書

費　用	金額	収　益	金額
仕　　入	4,000	売　上	8,000
給　　料	1,000		
水道光熱費	500		
減価償却費	1,000		
当期純利益	**1,500**		
	8,000		8,000

表5-5

貸借対照表

資　　産	金額	負債・純資産	金額
現　　金	10,500	借　入　金	5,000
商　　品	2,000	資　本　金	10,000
備　　品	4,000	当期純利益	1,500
	16,500		16,500

5.5　利益配当と経営不振

それぞれの利益の意味

　営利企業は事業活動を通して利益を獲得しますが，事前に利益計画を策定します. 事業を展開するにあたり，経営者は将来いくらの利益を予定し，将来の設備投資にいくら回せるか，これを前提に生産計画・販売計画を策定します. 経営者であれば，事業を継続していく上で，資金の確保はもとより，配当や将来の設備投資なども考慮しておくことも大切です.

　では，企業が算出する利益には，業績指標性と分配可能性という二つの特質があります. そのどちらを優先するかで利益計算の仕方は異なります. 土地を保有しているだけで値上がりすれば，その値上分（保有利得）を利益とする考

え方もあるでしょう．これは，保有することで新たな価値の増殖が得られたことから，経営努力と経営成果の期間的な比較を通した業績とみることができます．一方，その値上分は売却行為による資金的裏付けがないので，分配には適しません．投資家による企業への出資は，運用報酬としての配当が期待されるからであり，配当財源たる分配可能な利益を想定しています．保有利得は業績として意味を持つとしても，分配可能な利益とはなりえません．したがって，保有利得を単純に利益とするならば，分配できないものを分配可能な利益に含める結果，その分だけ配当としての資金が社外流出し，企業存続を危うくします．会計ルール上は，分配可能性を優先させた業績指標利益，言い換えれば分配可能性に制約された業績指標利益が企業の利益とされます．

　このような利益には，さまざまな種類があります．すなわち，損益計算書に記載される売上総利益・営業利益・経常利益・税引前当期純利益・当期純利益と，貸借対照表に記載される包括利益です．損益計算書の表示区分は，営業損益計算区分・経常損益計算区分および純損益計算区分に分けられ，投資家は，この計算区分を通して経営成績の良否・適否など投資意思決定の判断を行います．

　売上総利益は，売上高（売価総額）から売上原価（原価総額）を控除した差額です．商品売買業では，商品売買取引における大雑把な利益（粗利）を意味します．これは，1単位当たりの利益率を表すといってもいいでしょう．

　営業利益は，営業活動から生じる営業収益から，その収益を獲得するために犠牲となった営業費用を控除した差額です．したがって，営業成績を表示する利益指標としての意味を持ちます．営業収益とは，営業活動によって獲得される収益で，商品売買業や製造業のように商品・製品の販売が営業目的である場合は，それらの売上高（値引きや返品含まず）です．また，サービス業のように役務提供が営業目的である場合には役務収益です．一方，売上原価は，商品売買業や製造業の場合，売上収益たる売上高を獲得するために販売した商品の仕入原価や製品の製造原価（ともに値引や返品含まず）です．サービス業では，基本的に売上原価に相当するものはありません．営業利益は，損益計算書において売上総利益から販売費および一般管理費を控除した差額で，会計ルール上では営業損益計算区分の結果に相当します．販売費および一般管理費には，販売手

数料・発送運賃・広告宣伝費・給料・賃金・通信費・交通費・水道光熱費・減価償却費・貸倒引当金繰入などが含まれます．この販売および一般管理費は，売上原価と異なり，売上高との間に個別的・直接的対応関係（比例的な対応関係）は認められません．しかし，それは，営業収益を獲得するために毎期経常的に発生する費用であるので，営業収益との間に期間的・間接的な対応関係があると認められます．

　経常利益は，会計ルール上では，営業外損益計算区分の結果に相当します．また，経常利益は企業の正常な収益力を表示する利益指標としての意味を持ちます．営業損益計算区分の結果である営業利益に，受取利息・手形売却損・有価証券売却益・その他の「営業活動以外の原因から生じる損益であって特別損益に属しない収益」を記載し，そこから支払利息・有価証券売却損・その他の「営業活動以外の原因から生じる損益であって特別損益に属しない費用」を控除することで経常利益を算出します．これらは，毎期経常的に発生するという点では営業損益と同様ですが，主たる営業活動から生じる損益でない点で異なり，主として財政金融上の損益となります．経常利益の算定にあたっては，営業損益のみならず営業外損益もその構成要素として取り扱われます．

　税引前当期純利益は，経常損益に特別利益および特別損失を加減して算出されます．特別利益は，臨時的な損益部分と前期損益修正部分からなります．臨時的な損益部分とは，固定資産売却損益・投資有価証券売却損益・災害損失などです．前期損益修正部分とは，過年度引当金過不足修正・過年度減価償却過不足修正・過年度償却債権取立益などです．これらは，企業の正常な事業活動の業績を示すものではないので，経常利益を算出した後で純損益計算区分に記載します．法人税・住民税は，企業の所得（稼得利益）を課税対象とした税金であるので，利益の分配とみられます．したがって，法人税・住民税控除前の当期純利益は，分配可能利益の大きさを示す利益指標としての意味を持ちます．

　当期純利益は，税引前当期純利益から法人税・住民税を控除した差額です．法人税・住民税は税法上強制的に徴収されるので，株主にとっての実質的な利益処分の対象は当期純利益となります．したがって，当期純利益は当期に獲得された利益でかつ分配対象の大きさを示す利益指標としての意味を持ちます．なお，法人税・住民税の更生決定等による追徴税額および還付税額がある場合

には，これを税引前当期純利益に加減します.

　包括利益は，貸借対照表に記載されるもので，有価証券評価差額金や為替差損益以外に，土地再評価なども企業活動で得られた損益であるので，一事業年度の結果としての当期純利益にそれらを加減した総合的利益指標です. したがって，包括利益は，損益計算書の当期純利益に，有価証券評価差額金など（その他包括利益）を加算したものです. これは，企業の業績を速やかに情報利用者に開示させようとする考え方によるものです.

剰余金の分配

　会社法では，純資産（資本）のうち，最も維持拘束性の高い資本金以外の部分を剰余金といいます. 剰余金は，株主に配当したり，将来の設備投資や研究開発のために社内に蓄えることもできます. 株主配当は，原則として株主総会で決定し，実務上は配当の基準日を定め，基準日の株主名簿に記載されている株主に配当します. また，配当はいつでも可能であり，そのために株主持分（株主請求権）の変動状況を明らかにする株主資本等変動計算書を作成します.

業績不振（赤字決算）と資本欠損

　事業は、必ずしもうまくいくとは限りません. 事業が振るわなければ，業績不信に陥ります. その結果，赤字決算を招くことになります. 赤字決算とは，**表5-6**のように収益に対して費用・損失が多い場合の当期純損失が生じる状態をいいます.

表5-6

損益計算書（P/L）

費　用 （損失を含む）	収　益
	当期純損失

　この赤字決算が続くと，資本欠損を招くことになります. 資本欠損とは，**表5-7**のように，会社の純資産額（資産総額－負債総額）が資本金と法定準備金（資

本準備金と利益準備金）との合計額を下回っている状態をいいます．

表5-7

貸借対照表（B/S）

資　　　産	負　　　債
資本欠損	資本金＋ 法定準備金

債務超過と倒産・破産

　債務超過とは，**表5-8**のように，総資産と総負債の差額がマイナスの状態をいいます．また，資産の時価総額を負債の時価総額が上回る場合を実質的債務超過といいます．

表5-8

貸借対照表（B/S）

資　　　産	負　　　債
債務超過	

　この状態になれば，資金提供者はいないとされ，倒産する可能性が高くなります．しかし，この債務超過状態をもって倒産というわけではありません．債務の株式化を行う場合があります．これは，借入金と資本金を交換することです．債権者は，そのまま倒産するよりは少しでも可能性を残すために事業を継続させるのです．したがって，破産の原因は債務超過ではなく，債務者に支払いの手段がなく，金銭債務を弁済できない客観的状態に陥ることです．

　倒産とは，一般的には業績不振によって債務が返済できず，事業の継続不能状態を指します．また，類似するものに破産があります．破産とは，すべての資産・負債を清算する目的で行われる法的整理手続きです．事業継続の不能原因として，一般には不渡りや債務超過などが挙げられます．銀行と当座取引契約を締結した上で小切手を振り出している場合で，当座預金残高を超えて小切手を振り出した時は，銀行はその決済に応じません．このような小切手を不渡

小切手といいます．6ヶ月以内に再び不渡りを出せば，取引銀行は即座に取引を停止するばかりか，他の金融機関にも通知されます．その後の2年間は，当座取引契約や融資契約ができず，すぐに資金が枯渇します．したがって，6ヶ月以内における二度の不渡りを出した場合，事実上の倒産を意味します．

ま　と　め

　以上のように，大航海時代の当座企業と異なり，産業革命以降に固定資産の増大や清算・解散を前提としない継続企業が誕生したことで，期間を区切って利益計算をする必要が生じるとともに，利益情報も客観的な立場から有用で信頼できるものでなければ，投資家は自ら投資意思決定の判断を誤らせる危険性が生じます．ここに今日における会計の存在意義ないし必要性があるわけです．会計のルールに則って適切に作成された会計情報が投資家に適時的に開示されてこそ，投資家の自己責任となります．グローバル化が進展する中，海外を活躍の場とする企業も増大することで，日本の会計ルールも国際的に収斂していくでしょう（会計基準のコンバージェンス）．日本的会計ルールが独自性を持ち続ければ，世界との格差が拡がり，世界に通用しない会計ルールとなります．その意味で，会計ルールの統一化はすぐそこに来ています．

第6章

株式の基礎知識

はじめに

株式は，事業資金を調達するために企業が発行する証券です．企業の資金調達における株式発行のメリットは以下のとおりです．

1　借金と違って利子や元本を支払う義務がありません．利益が発生すれば，株主総会で承認された額の配当金（利益からの分配金）を株主に支払います．

2　不特定多数から短時間で資金を集めることができます．

一方，株式を購入する株主にとって，株式は，企業に対する部分的な所有権を意味します．株式を保有することで，株主には以下のメリットが生じます．

1　株式の保有数に応じて配当金を受け取ることができます．

2　購入株が値上がりすれば，値上がり益を獲得できます．

3　会社が解散する際，純資産は保有比率に応じて株主に分配されます．

4　会社役員などを決定する株主総会に参加できます（一株一票の議決権）．

5　会社の債務について，株式購入額を超える責任はありません（投資した元本を失う可能性はありますが，あくまでその範囲までの「有限責任」）．

6.1　証券投資の評価

株式等の証券に対する投資成績を評価するには，一定の期間について定義さ

れる「利回り」または「投資収益率」と呼ばれる指標を利用します．期間当た
り利回りは，証券の値動きとは関係なく獲得できる利子・配当金（「インカムゲ
イン」）と証券の値上がり益（「キャピタルゲイン」）の和が，期首価格に占める比
率によって定義されます．

$$期間当たり利回り＝\frac{期間中のインカムゲイン＋（期末証券価格－期首証券価格）}{期首証券価格}$$

　投資資金1円当たりどれだけの収益が得られたかを評価するわけです．証券
投資には2種類の不確実性があります．一般に，債務者の債務不履行や企業の
倒産によって金融資産保有者が被るリスクを「デフォルトリスク」と言い，証
券価格の変動によって生じるリスクのことを「市場（マーケット）リスク」と言
います．伝統的な証券投資論では，市場リスクの大きさは，市場で観察される
価格変動データを使って測定できると考えます．そのリスク評価の根底にある
のが，市場に対する確率的，統計的な見方です．以下では，確率の基礎につい
てまず解説した後，確率を利用した古典的な投資手法の説明へと話を進めま
しょう．

6.2　確率と確率変数

　確率によって確からしさを測るには，まず，起こりうるすべての出来事を確
定する必要があります．例えば，コインを投げるという実験を考えた場合，起
こりうる出来事としては，「表が出る」，「裏が出る」，「表または裏が出る」の
3通りが考えられます．このような起こりうる一つ一つの出来事を確率論では
「事象」と言います．コイン投げの場合，事象全体は，

　　　{{表}，{裏}，{表，裏}，{投げない}}

という集合の形で表されます．このリストで，{表} は「表が出る」という出
来事に対応しており，{裏} は「裏が出る」，{表，裏} は「表または裏が出る」，
{投げない} は「コイン投げをしない」という出来事に各々対応しているとしま
す．「起こりうるすべての出来事」を考えるため，何も起こらない（＝投げない）

という事象も含まれていることに注意しましょう．この何も起こらない事象は空事象と呼ばれ，一般に記号φで表されます．なお，「表または裏が出る」のように，複数の事象を合わせた「合併事象」もまた 1 つの出来事ですから，単一の事象と同様に事象であると見なします．

　事象の中で単一の要素からなるもの，コイン投げで言えば |表|，|裏| は，特に「基本事象」または根元事象と呼ばれ，根元事象の全体は「全事象」と呼ばれます．たとえば，コイン投げの全事象は |表，裏| です．また，事象の補集合（全事象のうち，当該事象に含まれない基本事象の全体）は，「余事象」と呼ばれます．コイン投げの例で |表| の余事象は |裏| です．事象同士は，お互いに共通の基本事象を持たないとき，互いに「排反」であると言われます．

　一般に確率は，事象に対して 0 と 1 の間にある実数を対応させる関数として定義されます．ただし，事象なら何でもよいというわけではなく，確率が定義される事象は，以下で定義される σ 加法族に含まれるものに限られます．

［σ加法族の定義］

Ω を全事象とし，*F* は事象の集まりで，以下の条件を満たすものとします．

1. *F* は Ω を含む．
2. *F* が事象 *A* を含むならば，*F* は *A* の余事象 $\overline{A}$ も含む．
3. 事象 A_1，A_2，・・・が，すべて *F* に含まれるならば，これら全体の合併事象 $\cup_{i=1}^{\infty} A_i$ も *F* に含まれる．

これらの条件が満たされるとき，*F* は Ω 上の σ 加法族または σ 集合体であると言います．

　コイン投げの例で考えると，例えば *F* = { |表|，|裏|，|表，裏|，φ| とおけば，F が σ 加法族の 3 条件を満たすことは容易に解ります．全事象 Ω と σ 加法族 F のペア (Ω, *F*) は，「可測空間」と呼ばれます．

　確率は，可測空間 (Ω, *F*) 上で以下のように定義されます．可測空間と確率 P を合わせて「確率空間」と呼び，記号 (Ω, *F*, *P*) で表します．

[確率の定義]

　可測空間（Ω, F）に対し，F上で定義された関数Pが，以下の条件を満たすとき，Pは，F上の確率と呼ばれます.

　1．Pは非負の値をとる,

　2．P（Ω）＝1,

　3．各事象$A_i \in F$，$i = 1$，2，・・・が，すべて互いに排反であれば，これらの合併事象$\cup_{i=1}^{\infty} A_i$について

$$P\left(\cup_{i=1}^{\infty} A_i\right) = P(A_1) + P(A_2) + P(A_3) + \cdots$$

が成立つ.

　次に，確率変数の概念について説明するため，コインを投げて表が出た場合100円受け取り，裏が出た場合100円支払うという単純なギャンブルを考えてみましょう.

　　{表}　⟶100

　　{裏}　⟶−100

　上記のように，各々の基本事象に一定の値を対応付ける関数のことを「確率変数」と言います. 期待値の概念は，確率変数について定義されます.

　元々期待値の概念は，ギャンブルの有利さを評価するために考え出されました. 例として，ジョーカーを含まない52枚のトランプをよく切り，受け取った札が赤札（ダイヤまたはハート）だった場合，ギャンブルを主催する胴元から1000円もらうことができ，黒札（クラブまたはスペード）だった場合，胴元に1000円支払わなくてはならないゲームを考えてみましょう. このゲームから得られる利得（マイナスなら損失）の算術平均は，

$$1000 \times \frac{26}{52} - 1000 \times \frac{26}{52} = 0$$

で計算されます. いま仮に52人のゲーム参加者がいて，一人一人の参加者に

ジョーカーを除く52枚のトランプが一枚ずつ配布されたとすると，1000円もらえる人が26人，1000円支払う人が26人出ますから，参加者の利得総額は2万6000円，損失の総額は2万6000円となり，利得と損失がちょうど釣り合います．このように参加者と胴元いずれかがより得をしたり損をする設計になっていないゲームは，フェア（公正）なゲームと呼ばれます．フェアなゲームでは，ゲームに参加する人数が十分多くなれば，参加者は全体として得することも損することもなくなり，胴元に利益や損失が残ることもなくなります．

　次に，同じゲームでジョーカーを一枚加え，ジョーカーは黒札扱いにするとしてみましょう．このとき参加者の平均利得は，

$$1000 \times \frac{26}{53} - 1000 \times \frac{27}{53} = -\frac{1000}{53}$$

となり，53人に一枚ずつカードを配るルールのギャンブルを考えれば，参加者は全体で1000円だけ損をすることになります．胴元には，確実に1000円の利得が発生しますから，ゲームはアンフェアな設計になっています．

　以上の説明に確率の概念を適用すると，上記のギャンブルでランダムにカードを1枚引いたとき黒札（赤札）が出る事象の確率を，最初のケースでは1/2（1/2），後者のケースでは27/53（26/53）とすることに異論はないでしょう．このようにギャンブル評価に確率を導入した場合，ギャンブルの期待値は，「確率変数の値×値が生起する確率」の総和として定義されます．確率変数Xの期待値は，$E(X)$で表されます．

　期待値の概念を使うと，純利得＝利得−損失の期待値が0になっているゲームはフェア（公正）ということになります．また，純利得の期待値がプラスで大きい値になっているほど，参加者全体にとってギャンブルの条件は有利になります．

　期待値の基本的な性質として線形性があります．X, Yを確率変数とし，a, b, cを定数とすると，常に

$$E[aX+bY+c] = aE[X] + bE[Y] + c$$

が成り立ちます．この性質は，有限事象の場合，掛け算と足し算だけで簡単に

証明できます.

　最後に, 期待値が $\mu = E\,[X]$ である確率変数Xの分散を, 「確率変数とその期待値の差の2乗」の期待値すなわち

$$E\,[(X-\mu)^2]$$

として定義します. 分散は, 確率変数の期待値からのばらつき度合いを表します. また, 分散の平方根は「標準偏差」と呼ばれます.

6.3　三社三様

　さて, 確率をベースとして投資を論じると, どのような戦略が導かれるのでしょう？　以下の単純な例から考えてみましょう. スキー用品メーカーのサルモン, アイスクリーム販売会社の往き印, 出版会社である慎重社の株式を, 今年10月1日から来年3月1日までの期間どのような割合で保有すればよいのかという問題を考えます. ただし, ここでは当該期間における株式の収益率

$$収益率 = \frac{来年3/1時点での株価 - 今年10/1時点での株価}{今年10/1時点での株価}$$

を確率変数とし, 今年の冬の気候を3パターンに分類した

$$\Omega = \{暖冬, 平年並み, 厳冬\}$$

という全事象を想定します. 簡単化のため, この期間中の売買益や配当は考慮しません.

　各基本事象に対応する収益率の値は,

表6-1　各株式銘柄の収益率

会社	収益率（暖冬）	収益率（平年並み）	収益率（厳冬）
サルモン	-6%	8%	19%
往き印	9%	5%	1%
慎重社	4%	5%	6%

と見込まれているとします．サルモンは，暖冬で雪が降らないとき，売上は最悪で株価も上がらないため収益率は最も低く，厳冬で雪が多いときに最も売上が伸び，収益率が高くなると想定しています．一方，往き印については，暖かくなるほど売上が伸びて収益率は改善すると考えています．最後の慎重社については，寒さが厳しいと屋外に出るより家で読書をしようとする人が比較的増えるものとして，寒くなるほど収益率は改善するとしていますが，サルモンや往き印ほど気候の影響は大きくないものとします．

　さて，あなたが日頃から頼りにしている旧知の気象予報士に問い合わせたところ，今年の冬が，暖冬になる確率，平年並みとなる確率，厳冬となる確率は，それぞれ 1 / 3 であるという回答を得たとします．そこで，この確率に基づいて，サルモンの株式の収益率r_a，往き印の株式の収益率r_b，慎重社の株式の収益率r_cの期待値を求めてみましょう．確率×確率変数の値の総和を求めればよいので，各期待値は，

$$E\ (r_a) = -6 \times \frac{1}{3} + 8 \times \frac{1}{3} + 19 \times \frac{1}{3} = 7\%$$

$$E\ (r_b) = 9 \times \frac{1}{3} + 5 \times \frac{1}{3} + 1 \times \frac{1}{3} = 5\%$$

$$E\ (r_c) = 4 \times \frac{1}{3} + 5 \times \frac{1}{3} + 6 \times \frac{1}{3} = 5\%$$

となります．

　それでは，投資の対象として，往き印の株と慎重社の株を比較してみましょう．上の計算結果を見れば解るように，これら三社の株の収益率の期待値は一致しています．したがって，期待値という観点から見ると，両者の株はどちらも同程度望ましいことになります．しかし，改めて表を見ると，慎重社に比べて往き印の収益率はかなり変動が激しいように感じられます．そこで，各社について，収益率の標準偏差を求めてみると，

$$SD(r_a) = \sqrt{(-6-7)^2 \times \frac{1}{3} + (8-7)^2 \times \frac{1}{3} + (19-7)^2 \times \frac{1}{3}} = 10.2\%$$

$$SD(r_b) = \sqrt{(9-5)^2 \times \frac{1}{3} + (5-5)^2 \times \frac{1}{3} + (1-5)^2 \times \frac{1}{3}} = 3.3\%$$

$$SD(r_c) = \sqrt{(4-5)^2 \times \frac{1}{3} + (5-5)^2 \times \frac{1}{3} + (6-5)^2 \times \frac{1}{3}} = 0.8\%$$

となっていて，確かに往き印株の収益率の標準偏差$SD(r_b)$は慎重社のそれ$SD(r_c)$より大きくなっています．このことから，往き印株は，収益率のばらつきが大きく，暖冬になれば慎重社株より高い収益を獲得しますが，厳冬になれば収益が大きく落ち込んでしまうリスクの高い株であると結論づけてよいでしょう．リスクをより小さくし，確実に期待値に近い水準の収益率を確保したいなら，投資家は慎重社株に投資したほうが有利です．

　次に，サルモン株と往き印株を比較してみましょう．期待値で見るとサルモン株の方が往き印株より2ポイント高いわけですが，標準偏差を見ると，サルモン株は往き印株の倍以上となっており，往き印以上にリスキーな株であると言えます．このような場合，どちらの株を選ぶかは，投資家がハイ・リスク，ハイ・リターンを望むのか，それともロー・リスク，ロー・リターンを求めるのかという価値観に依存することになります．

　実は，サルモン株と往き印株の保有量を適当な比率で組み合わせると，なかなか興味深い投資戦略が得られます．この戦略については，節を改めて詳しく吟味しましょう．

6.4 分散投資の意義

　今，一定額の投資資金を持っているとして，その内2割でサルモンの株式を購入し，8割で往き印の株式を購入することを考えてみます．例えば，1000万円を持っているなら，200万円分だけサルモンの株を買い，800万円分だけ往き印の株を買うという投資戦略を考えることになります．投資資金をさまざまな運用先に配分する配分比率のことを「ポートフォリオ」と言います．上記のポートフォリオを採った場合，投下資金1円あたりの収益率は，

$$0.2 \times r_a + 0.8 \times r_b$$

に等しくなり，その期待値は，期待値の線形性より

$$E\ (0.2\times r_a+0.8\times r_b)\ =0.2E\ (r_a)\ +0.8E\ (r_b)$$
$$=0.2\times 7 +0.8\times 5 =5.4\%$$

となります．

上記で定義された合成資産をサル印と名付けると，その収益率は，

表6-2　合成資産の収益率との比較

会社	収益率（暖冬）	収益率（平年並み）	収益率（厳冬）
サルモン	－6％	8％	19％
往き印	9％	5％	1％
慎重社	4％	5％	6％
サル印	6％	5.6％	4.6％

となります．特に注目したいのは，合成資産サル印の収益率の期待値が，慎重社株の収益率の期待値である5％を上回っているという事実です．しかも，サル印の収益率の標準偏差を求めてみると，

$$SD(r_D)=\sqrt{(6-5.4)^2\times\frac{1}{3}+(5.6-5.4)^2\times\frac{1}{3}+(4.6-5)^2\times\frac{1}{3}}=0.43\%$$

ですから，リスクは圧倒的に小さくなります．厳冬になればサルモン社が業績を伸ばし，暖冬になれば往き印が頑張るので，両者をバランスよく組み合わせれば慎重社を圧倒する成績を叩き出すことができるのです．

以上の議論から，市場リスクを考慮に入れると，単純に期待値の高い資産だけに投資すればよいということにはならないこと，多様な資産へのポートフォリオを適切に決定することで，一種類の資産だけを購入するよりもリスクを小さくできることが理解されます．

では，収益率の達成目標を定めたとき，そのための手段として最も望ましいポートフォリオを選ぶにはどうすればよいでしょうか？例えば収益率5％の運用実績を達成するのに一番リスクが小さくてすむようなポートフォリオを求め

るには？この問題を考えるには，ここで扱った冬期相場の例はあまりに特殊であると言えます．現実の市場には，もっと多種多様な株式が存在しています．私達が必要としているのは，市場リスク削減に役立つ，もっと一般的な金融資産に関するポートフォリオの決定理論なのです．

6.5 市場リスクの評価

[n個のデータに関する不偏分散の定義]

n個のデータx_1，x_2，・・・，x_nが観察されているものとし，これらのデータの算術平均を$\bar{x}$とおきます．データから求まる不偏分散は，

$$s^2(x) = \frac{1}{n-1}\{(x^1-\bar{x})^2 + (x^2-\bar{x})^2 + \cdot\cdot\cdot + (x_n-\bar{x})^2\}$$

で定義されます．

　収益率の期待値や分散の真の値を求めるには，収益率のしたがっている確率分布を正確に知る必要があります．前節では気象予報士に教えられた確率をそのまま利用しましたが，これはきわめて特殊なケース．現実の私達は，過去の限られた個数の収益率データしか利用できませんから，真の分布を知ることなど絶対に不可能です．そこで，真の値に対する推定値を利用できないかということになりますが，期待値の推定量としては，算術平均（標本平均）が広く利用されており，統計的に不偏性，一致性などの望ましい性質を持つことが知られています．分散を利用するにも，限られたデータから算出できる推定値を使うことになります．推定量としてよく利用され，統計理論上も望ましい性質を持っているのが，上記で定義される「不偏分散」です．

　さて，以下のグラフは，ある期間におけるトヨタ自動車株とホンダ株の一日当たり収益率の変動をプロットしたものです．変動の大きさは別として，両社の株の収益率は，よく似た方向に動いていることが解るでしょう．どちらかの

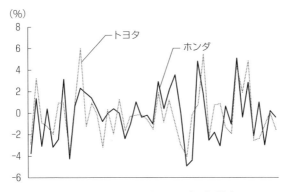

図6-1 トヨタとホンダの収益率

株が上がるときには，たいてい他方の株も上がり，下がるときには下がっていることが見て取れます．

　この例のように，株価収益率の中には，日常的にほぼ同方向に動いているものがあります．特に，扱う製品が似通った会社の収益率は，同じ外部情報に対して同方向に反応するのが普通ですから，収益率もしばしば同方向に動くことになります．多くの場合，同方向の動きは経済全体に影響が及ぶマクロ要因（金利，為替変動，関税など）によってもたらされます．これは，統計学で学習する「見かけの相関」の一例です．もちろん特定の会社だけに影響する事象が発生したときには，同じ業種でも株価が逆方向に動く場合があります．一般に，二つの確率変数について一方が上がれば他方も上がるという関係があるとき，両者には「正の相関」があると言い，逆に一方が上がれば他方が下がる関係がある場合には，両者に「負の相関」があると言います．

　二つの確率変数の間に正の相関があるか，負の相関があるかを簡単に判定するには，「共分散」の符号を確認します．

> **［全事象が有限である場合の共分散の定義］**
>
> 全事象 Ω は，n 個の基本事象からなる有限集合であり，基本事象 ω_1,
> ω_2,・・・,ω_n の各々に対して，
>
> $$p_i = P(\omega_i), \qquad \omega_i \in \Omega, \ i = 1, \cdots, n$$
>
> という確率が与えられているものとします．このとき，Ω 上で定義された
> 二つの確率変数 $X(\omega_i)$, $i = 1, 2, \cdots, n$, $Y(\omega_i)$, $i = 1, 2, \cdots,$
> n の共分散 $Cov(X, Y)$ は，X の期待値を μ，Y の期待値を ρ として，
>
> $$Cov(X, Y) = E[(X-\mu)(Y-\rho)] = (X(\omega_1)-\mu)(Y(\omega_1)-\rho)p_1 + \cdots$$
> $$+ (X(\omega_n)-\mu)(Y(\omega_n)-\rho)p_n$$
>
> で定義されます．

　分散は，「変数の期待値からの乖離の二乗の期待値」として定義されましたが，共分散は，「確率変数と期待値との乖離の積」についての期待値となっています．積 $(X(\omega)-\mu)(Y(\omega)-\rho)$ は，確率変数 X と Y が，ともに期待値より大きいか，または小さくなっていれば正となり，一方が期待値より大きくなっているにも関わらず，他方が小さくなっていれば負となります．したがって，二つの変数の間に正の相関があり，一方が高ければ他方も高く，逆に低ければ低いという関係があれば，$(X(\omega)-\mu)(Y(\omega)-\rho)$ の値は正になる場合が多くなると考えられ，その期待値である共分散の値も正になると考えられます．また，逆に両者に負の相関がある場合には，$(X(\omega)-\mu)(Y(\omega)-\rho) < 0$ となるケースが多くなって，共分散は負になるでしょう．以上のことから，共分散は，二つの確率変数の間にどのような相関関係があるのかを判定するために広く利用されます．

　不偏分散と同様，共分散についても，実際に投資計画を立てる際には，限られた収益率データから計算できる推定値を利用せざるをえません．推定量として不偏性を持ち，よく利用されているのは以下で定義される不偏共分散です．

[n個のデータに関する不偏共分散の定義]

二つの確率変数X，Yについて，それぞれn個ずつのデータ

$$x_1, \ x_2, \ \cdots, \ x_n$$
$$y_1, \ y_2, \ \cdots, \ y_n$$

が観察されているものとし，これらのデータの算術平均を各々$\bar{x}$，$\bar{y}$とおきます．データから求まる不偏共分散は，

$$s(x, \ y) = \frac{1}{n-1}\{(x_1-\bar{x})(y_1-\bar{y}) + \cdots + (x_n-\bar{x})(y_n-\bar{y})\}$$

で定義されます．

ま　と　め——リスク最小化ポートフォリオ——

　最後に，より小さいリスクで一定の運用成績を達成する初歩的なポートフォリオ選択問題を考えましょう．市場には2種類の証券があるものとし，各証券を購入した場合の単位期間当たり収益率を，r_1，r_2で表します．これらの収益率は，将来の経済状況に応じて変化する確率変数であって，各々の期待値は，μ_1，μ_2に等しいとします．これら必要となる期待値，分散の値は，過去のデータから求められる不偏推定値によって代用するものとします．

　これらの証券を組合せて購入した場合の収益率，すなわちポートフォリオの収益率を求めましょう．第1証券への資金配分比率を$a \geq 0$，第2証券への配分比率を$1-a \geq 0$とすると，ポートフォリオに投入した資金は，各々1円当たりar_1，$(1-a)r_2$だけの収益を上げるわけですから，このポートフォリオに投資したときの収益率r_pは，

$$r_p = \alpha r_1 + (1-\alpha)r_2$$

に等しくなります．上式両辺の期待値を取れば，ポートフォリオの収益率の期

待値 μ_p

$$\mu_p = E(r_p) = \alpha E[r_1] + (1-\alpha)E[r_2]$$
$$= \alpha\mu_1 + (1-\alpha)\mu_2$$

が求まります.

　個別株式の市場リスク（標準偏差）については既に定義しましたが，株式の組み合わせであるポートフォリオについても，分散または標準偏差によってリスクの大きさを測ることができます. まず，ポートフォリオの収益率 r_p の分散を計算してみると，

$$Var(r_p) = E[(r_p - \mu_p)^2] = E[\{\alpha(r_1-\mu_1) + (1-\alpha)(r_2-\mu_2)\}^2]$$
$$= E[\alpha^2(r_1-\mu_1)^2 + 2\alpha(1-\alpha)(r_1-\mu_1)(r_2-\mu_2) + (1-\alpha)^2(r_2-\mu_2)^2]$$
$$= \alpha^2 E[(r_1-\mu_1)^2] + 2\alpha(1-\alpha)E[(r_1-\mu_1)(r_2-\mu_2)] + (1-\alpha)^2 E[(r_2-\mu_2)^2]$$
$$= \alpha^2\sigma_{11} + 2\alpha(1-\alpha)\sigma_{12} + (1-\alpha)^2\sigma_{22}$$

が求める分散になります. ただし，上式では各々の収益率の分散と共分散について，

$$E[(r_i-\mu_i)^2] = Var(r_i) = \sigma_{ii} \quad i=1,\ 2$$
$$E[(r_1-\mu_1)(r_2-\mu_2)] = Cov(r_1,\ r_2) = \sigma_{12}$$

とおいています.

　ポートフォリオの分散には，個別株式の分散と違って，収益率の相関関係を表す共分散 σ_{12} の項が含まれることに注意しましょう. ポートフォリオを組むことが，単純に一種類の株式だけに投資するよりも有利である理由は，この相関関係の存在にあります.

　それでは，一定水準 $\overline{\mu}$ 以上の期待収益率を得るという制約条件の下でリスクを最小にするポートフォリオ $a^\star$ を求める問題を考えてみましょう. 今回特に強調したいのは，収益率に負の相関がある場合なので，ここでは $\sigma_{12} < 0$ のケースだけを説明します. また，この問題では，投資家が高望みしすぎ，$\overline{\mu} > \mu_1$

かつ $\overline{\mu} > \mu_2$ としてしまうと解が存在しなくなりますから，目標収益率 $\overline{\mu}$ は，$\overline{\mu} \leq \mu_1$，$\mu_2$ を満たすように与えられているとします．これらの仮定を満たさない場合は練習問題としますので，各自解いてみてください．

前提より，$\sigma_{11} + \sigma_{22} - 2\sigma_{12} > 0$ が成立つことに注意しておきます．ポートフォリオの分散 $Var(r_p)$ は，展開すると簡単な二次関数

$$Var(r_p) = \alpha^2 (\sigma_{11} + \sigma_{22} - 2\sigma_{12}) + 2\alpha(\sigma_{12} - \sigma_{22}) + \sigma_{22}$$

$$= (\sigma_{11} + \sigma_{22} - 2\sigma_{12})\{\alpha^2 + 2\alpha \frac{\sigma_{12} - \sigma_{22}}{\sigma_{11} + \sigma_{22} - 2\sigma_{12}} + \frac{\sigma_{22}}{\sigma_{11} + \sigma_{22} - 2\sigma_{12}}\}$$

になります．上式右辺の $\{\ \}$ 内は，

$$\alpha^2 + 2\alpha \frac{\sigma_{12} - \sigma_{22}}{\sigma_{11} + \sigma_{22} - 2\sigma_{12}} + \frac{\sigma_{22}}{\sigma_{11} + \sigma_{22} - 2\sigma_{12}}$$

$$= (\alpha - \frac{\sigma_{22} - \sigma_{12}}{\sigma_{11} + \sigma_{22} - 2\sigma_{12}})^2 + \frac{\sigma_{12}\sigma_{11} - \sigma_{12}^2}{(\sigma_{11} + \sigma_{22} - 2\sigma_{12})^2}$$

と書き直せることから，$Var(r_p)$ は，上式右辺第1項が小さければ小さいほど小さくなります．そこで，第1項が0になるように

$$0 < \alpha^\star = \frac{\sigma_{22} - \sigma_{12}}{\sigma_{11} + \sigma_{22} - 2\sigma_{12}} < 1$$

と $a = a^\star$ を選べば，ポートフォリオの分散は最小になります．すなわち，この値 $a^\star$ が，制約の下でリスクを最小にするポートフォリオです．

補論　リスク選好

　株式投資において，多くの人はなるべくリスクを負わずにある一定の運用成績をあげたいと考えるものです．この考え方を経済モデルで表したのがリスク最小化ポートフォリオという選択問題であり，ここでの「リスク」は気候，社会環境，他国の経済環境といった外生的な影響による「収益率のばらつき」と定義されていました．ここで，あらためて「リスク」について考えてみましょう．

リスクによる個人の分類——あなたはリスク回避的？リスク愛好的？——

　私たちの日常生活にはさまざまなリスクが存在します．将来事故にあうかもしれない，病気になってしまうかもしれない，地震が起こるかもしれない，など，このようなリスクに直面しながら生活しています．保険や年金は，私たちがこのようなリスクに直面しているからこそ存在している商品であり，このような保険に加入することで，将来のリスクに備え，リスクを回避する行動を取ることができます（年金は将来長生きしてしまうかもしれないというリスクへの対策と考えられます）．

　この「リスク」をどのように捉えるかは，個人によって異なっていると考えられます．例えば，あなたは降水確率が何％以上で傘を持って出かけますか．ある日の降水確率が30％であったとき，雨が降ったときのことを考えて傘を持って出かける人もいれば，30％くらいでは雨は降らないだろうと考えて傘を持たない人もいると思います．すなわち，降水確率を雨が降る「リスク」と考えたとき，「リスク」をどう捉えるかによって個人の選択が変わります．この「リスク」に対する捉え方を経済学的に考えてみましょう．

　リスク回避行動は，経済学における期待効用理論を用いて説明されます．今，図6A-1のように確率50％で5000円が当たり，確率50％で0円が当たる（つまり何ももらえない）くじAがあったとします．このくじAの賞金の期待値をE（A）

とすると，賞金の期待値は，

$$E(A)＝0.5×5000円＋0.5×0円＝2500円$$

で表されます．つまり，仮にくじAが売られていた場合，平均で2500円の賞金が得られることになります．

　また，賞金xの効用を$u(x)$とおくと，くじAの期待効用は，

$$EU(くじA)＝0.5×u(5000)＋0.5×u(0)$$

で表すことができます．期待効用の値を図で表すと，**図6A-1**のようになります．**図6A-1**の横軸xは賞金の金額であり，縦軸には賞金xの効用$u(x)$がとられています．賞金0円の効用を$u(0)＝0$とおくと，くじAの期待効用は，原点と5000円のときの効用$u(5000)$の座標である点Pを結んだ直線OPを内分する点における効用となります．ここでは5000円当たる確率は0.5ですので，直線OPを1：1で内分する点Qにおける効用が，このくじの期待効用となります．

　次に，確率1で（すなわち確実に）2500円当たるくじBがあったとします．くじAとくじBは，両者とも賞金の期待値は2500円ですが，くじAは，外れるリ

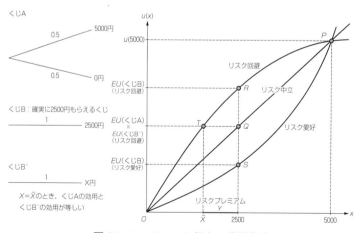

図6A-1　リスクと個人の効用曲線

（出所）筆者作成．

スクはあるが当たればより高い賞金がもらえます．一方，くじBは外れるリスクはなく確実に2500円もらえるくじです．くじAとくじBのどちらかがもらえるとすれば，あなたはどちらのくじを選択するでしょうか．すなわち，あなたにとって，くじAから得られる効用と，くじBから得られる効用はどちらが高いでしょうか．

　まず，くじAは当たれば5000円が得られるが，外れれば何も得られない，それならば，確実に2500円得られるくじBの方が嬉しい（効用が高い）と考え，くじBを選択する人がいると思います．このような選好を持つ個人を「リスク回避」とよび，先の図6A-1における曲線ORPがリスク回避的な個人の選好を表したグラフになります．図6A-1において，くじA，くじBとも賞金の期待値は2500円で等しいのですが，リスク回避的な個人はより確実に2500円を得られるくじBの方を好むので，くじAの効用よりもくじBの効用の方が高くなり，ORPを通るような曲線となるのです．

　一方，くじBは確実に2500円得られるけど，当たれば5000円得られるくじAの方を選好する個人もいると考えられます．このように，外れるリスクをおかしても，当たったときに高い賞金が得られる方を選好する個人を「リスク愛好」とよびます．リスク愛好的な選好を持つ個人は，図6A-1の曲線OSPで表されます．すなわち，確実に2500円得られるくじBの効用よりも，くじAの効用の方が高くなるのです．

　最後に，くじAとくじBは無差別，すなわちどちらでもかまわないという個人もいるかもしれません．このような個人は「リスク中立」とよび，図6A-1では直線OQPで表されます．これはくじAの効用とくじBの効用が等しいため，くじBの効用は点Qにおける効用水準となります．

　以上より，一般的に，確率pで賞金x_1，確率$1-p$で賞金x_2が得られるくじXの賞金の期待値$E(X)$は

$$E(X) = p \cdot x_1 + (1-p) \cdot x_2$$

で表されます．賞金xの効用を$u(x)$とおくと，くじXから得られる賞金の期待値の効用$U(E(X))$は，

$$U(E(X))=u\ (p \cdot x_1 + (1-p) \cdot x_2)$$

と表されます．一方，くじ X の期待効用 $EU(X)$ は，

$$EU(X)=p \cdot u(x_1) + (1-p) \cdot u(x_2)$$

表され，ある個人がリスク回避的であるとは，期待効用が $EU(X) < U(E(X))$，リスク愛好的であるとは $EU(X) > U(E(X))$，リスク中立的であるとは $EU(X) = U(E(X))$ となります．

リスク・プレミアムと保険の理論

　このように，リスクに対する考え方は個人によって異なると考えられますが，今，先述のくじ A が，2500 円で販売されていたとします．もしあなたがリスク回避的ならば，確率 50％ で外れるというリスクに対して 2500 円は高すぎると考え，くじ A を購入するくらいなら確実に 2500 円が得られるくじ B を選ぶでしょう．では，くじ A の価格がいくらまで安くなれば購入するでしょうか．

　今，確率 1 で X 円当たるくじ B' があったとします．くじ A とくじ B' のどちらかがもらえるとき，あなたがリスク回避的ならどちらのくじを選択するでしょうか．例えば，X が 2400 円だったとしましょう．このくじは，2500 円確実に当たるくじ B より賞金額が 100 円安いのですが，リスク回避的な個人だったら，外れるリスクがあるくじ A よりも，多少安くても確実に賞金が当たるくじ B' の方を選ぶでしょう．では，X の値を小さくしてき，くじ A とくじ B' がちょうど無差別になるときの値はいくらになるでしょうか．個人によっては，X が 1000 円でちょうど釣り合うかもしれません．また，外れのリスクを重く考えている人は，X がもっと小さくてもくじ B' の方を選ぶでしょう．

　図 6 A-1 において，点 T に対応する賞金額 $(x = \overline{X})$ のとき，くじ A の期待効用とくじ B' の期待効用が等しくなっています．すなわち，リスク回避的な個人は，くじ A における不確実な状況（当たるかもしれないし外れるかもしれない）を避けることができるなら，追加的にいくらか支払ってでも確実な状況を好みます．この追加的な支払いの上限を「リスク・プレミアム」とよび，不確実な状況の期待効用と同じ効用が得られる不確実性のない（確実な）金額を「確実性

等価」とよびます。図6A-1において，くじAにおける外れのリスクを避けることができるなら，最大r円まで支払ってもよいということになります。

　これを保険と考えたとき，リスク・プレミアムは将来の病気や事故といったリスクを避けるために支払うことができる上限と考えることができ，保険料に対応します。万一，事故や病気が起こったときには確実性等価が補償され，これが保険金に対応します。

　リスク愛好的な行動をとる人やリスク中立的な人については，リスク回避的な個人とは異なる状況が生じます。リスク愛好的な個人にとっては，リスク・プレミアムはマイナスとなり，リスク中立的な個人にとってのリスク・プレミアムはゼロになります。図6A-1においてリスク愛好的，リスク中立的な個人のリスク・プレミアムを確かめてみましょう。

第7章
ビジネス・モデルおよび各種の経済性

はじめに

　ビジネス・モデル（Business Model）という概念は，その用語が非常に単純な単語で構成されていることから古くから使われているような印象を持つかもしれませんが，経営学分野の学術論文で広く用いられるようになったのは1990年代以降のことです．その背景にはインターネットの出現，隆盛があるともされていますが，本章では端的に利益を上げる仕組みのことをわかりやすくまとめたものをビジネス・モデルと呼びます．そして，基本的な事業の仕組みについてビジネス・モデルという概念で考えます．

　その上で，企業の利益を上げる仕組みのうち特にコスト面に焦点をあてて，変動費および固定費について紹介し，それらに基づいて各種の経済性について考えます．

7.1 ビジネス・モデルとは

ビジネス・モデルという言葉

　ビジネス・モデルという言葉は，さまざまな文脈で用いられていますが，一般的には，企業活動を通じて顧客に働きかけ，製品やサービスを提供して利益を上げる仕組みのことです．そうであれば，1990年代以前に広く使用されていなかったことを不思議に思うかもしれませんが，実はビジネス・モデルという言葉はコンピューターやインターネットと結びつくことで登場したという側面

があります.

コンピューターやインターネットを利用したビジネスの方法の発明のことを,一般的にはビジネス・モデル特許(正確にはビジネス方法特許)と呼びます.ただし,特許は技術的思想である発明が対象であるため,単なるビジネスの方法だけでは特許とはなり得ず,技術と組み合わされてこそビジネス・モデル特許の対象となります.その技術としてのコンピューターやインターネットが広く普及したのが1990年代以降であり,それとともにビジネス・モデル特許がアメリカや日本で注目されるようになったことから,ビジネス・モデルという言葉もそれ以降広く使われるようになったというわけです.また最近では,IoT(Internet of Things:モノのインターネット)やビッグデータ,AI(Artificial Intelligence)に代表される新たな技術を活用することにより,新たなビジネス・モデルが出現しているともいわれます.

このように情報通信技術の進歩とともに当たり前のように使われるようになったビジネス・モデルという言葉ですが,それらが登場する前のさまざまなビジネスの仕組みについて説明する際にも,ビジネス・モデルという言葉が用いられています.例えば,日本の伝統的な医薬品販売方法に,置き薬(配置薬)というものがあります.これは,法律(医薬品医療機器等法)の中にも記載されている販売方法で,得意先に置き薬を配置し,営業担当者が年に一回程度訪問し,その際に使用した薬の分だけ代金を回収し,薬を補充する仕組みです.近年では見ることの少なくなった販売方法ですが,古くから日本にあるユニークなビジネス・モデルといえるでしょう.

基本的な事業のビジネス・モデル

このように,ビジネス・モデルには細かな点ではさまざまな工夫が織り込まれていますが,ここからは基本的な事業の仕組みについて,よりシンプルに考えてみましょう.ビジネス・モデルにはさまざまな要素が含まれますが,「誰を相手に」「何を提供し」「誰から収益を」「どのような方法で獲得するか」を明らかにする必要があります.

例えば流通業のビジネス・モデルの基本は,「安く仕入れて,違う相手に高く販売すること」です.収益の源泉は仕入原価と販売価格との差額であり,「誰

から仕入れるか」「何を商品とするか」「誰に販売するか」が重要な要素となります．これらのうちの「誰に販売するか」の相手が事業者であれば卸売業となり，消費者であれば「小売業」になります．また，「何を商品とするか」によって細かい業種に分けることができます．

　流通業は仕入れたものをそのまま販売するという性質を持っているため，商品自体の付加価値を高めることは困難であることから，流通業が主として提供する価値は「販売」という無形のサービスということになります．ただ，サービス自体は在庫として貯蔵することが難しいという性質を持っています．このため，流通業では売り手と買い手とが何らかの接点を持ち，そこで販売というサービスを提供することになります．このような接点の代表例は，小売業でいうと店舗になりますが，この店舗に買い手が来てくれなければ接点として機能しないため，買い手が来てくれるような地理的範囲，つまり商圏が重要になります．商圏を広げる方法はいくつかありますが，そのためには多くの経営資源が必要になります．（商圏については第1章および第10章を参照）

　一方，製造業のビジネス・モデルの基本は「安く仕入れて，加工して，高く販売すること」で，流通業にはない「加工」という要素を含んでいます．そのため，流通業の重要な要素である「誰から仕入れるか」「何を商品とするか」「誰に販売するか」に「どのように加工するか」を加えることになります．

　製造業では製品自体の付加価値を高めることが可能となります．製造業の主な利益の源泉は，製造原価と販売価格との差額ですが，製造業が主として提供する価値は「加工（製造）」であり，製品という物理的存在に付加できるため，流通業と違って在庫として貯蔵することも可能です．そのため例えば自社の活動を製造に特化させて，販売については商社に代表される流通業者に任せている企業も多くあります．このような分業を行うことが可能なため，製造業の商圏は流通業に比べて広くなる傾向があります．

　また，金融業については「金銭の融通」，つまり資金の仲介という意味であり，その意味では銀行業が最も代表的な金融業です．そして，銀行業は「金融仲介」と「決済（為替）」という性質の異なる二つの事業を行っています．金融仲介のビジネス・モデルは「資金を調達して，違う相手に融資すること」であり，主な収益の源泉はこの調達と融費の利率の差になります．もう一方の決済（為替）

のビジネスモデルは「預かった資金を違う相手に確実に渡す（仲介する）」であり，主な収益の源泉は決済時に発生する手数料です．金融業が提供する価値も流通業と同じく無形のサービスに基づくものであるため，店舗や営業担当者といった顧客との接点が必要となりますが，決済事業については他の銀行との間でネットワークを形成することで，より広い範囲をより緻密にカバーしています．

　各企業は，これらのような業種ごとの基本的なビジネス・モデルに加えて自社の強みや弱みを考慮した上でビジネス・モデルを構築し，競争相手と競争しています．

競争とビジネス・モデル

　第1章でも触れたように，競争に価格に基づくものと価格以外の要素に基づくものがあります．価格に基づく価格競争は競争相手と同じような価値をより低い価格で提供しようとする競争で，これが発生するのは自社と競争相手の間で商品・サービスに大きな違いがない場合です．このような商品やサービスのことを「コモディティ（commodity）」と呼びます．また，市場において類似する製品・サービスの間で価格による競争が行われ，企業の利益が低下する現象のことをコモディティ化と呼びます．

　一方，競争相手と違う価値を提供するといった価格以外の要因で顧客を惹きつけようとする競争は「非価格競争」と呼ばれます．これが可能になるのは，商品やサービスがコモディティ化しておらず，商品・サービス自身やその付随要素を競争相手と違うものにする，つまり「差別化」できる場合です．差別化に成功した製品は，コモディティ化した製品よりも高い価格であっても顧客に選んでもらえます．また，他社と事業範囲や商圏が重なっても，差別化によって対象となる「顧客層（セグメント（segment））」を違ったものにすることで直接の競争相手とせず，特定のセグメントを独占することによって大きな利益を獲得することも期待できます．

　コモディティ化が特に問題になっている理由の一つは，その速さです．差別化によって価格競争から逃れようとしても，短期間のうちにライバル企業に同質化されたり，差別化が顧客に意図したように価値をもたらさなかったりする結果，日本企業の収益性が低下していると指摘されることもあります．例えば

いわゆる白物家電（洗濯機や冷蔵庫など）はかなり以前に既にコモディティ化しているものの，そこに至るまでには長い年月を要しています．それに対して例えばデジタル家電は，市場が形成され始めてから短期間のうちにコモディティ化されています．デジタル家電は，高度な技術イノベーションによって生み出され，顧客に価値をもたらし，グローバル市場で急速に普及したものの，国内のみならず国際的なコモディティ化が急速に生じました．そのため多大な研究開発や設備への初期投資が十分に回収できないまま，グローバルな価格競争により価格が短期間のうちに低下し，収益性を高めることができない状況に陥っているというわけです．

　近年，これまでのビジネス・モデルを大きく変化させた企業が多くあり，例えば製造業がサービス産業化しているケースが多く見られます．従来の製造業が製品自体の付加価値を高めることで利益を獲得するビジネス・モデルであったのに対して，顧客が製品を使用することによって得る価値を提供することに注力している企業が見られます．

　マーケティングに関する格言めいた言葉に「ドリルを買いに来た人が欲しいのは，ドリルそのものではなく『穴』である」（Clayton M. Christensen, Scott Cook, and Taddy Hall, 2005）というものがあります．顧客が求めているのはドリルというハードウエアではなく「穴」というわけです．このような考え方は，例えば航空機エンジンのメーカーに見られます．以前はもっぱらエンジンを製造し，定期交換部品を供給することで収益を獲得し利益を得ていました．しかし顧客である航空会社の立場から見れば，搭乗客や貨物を安全，確実に定時輸送するための動力としてエンジンを使用するわけです．そこで，最近の航空機エンジンメーカーは，IoTによりエンジンにセンサーを取り付け，回転数や出力，燃焼状態，部品の状態などをリアルタイムにモニタリングし，航空会社に提供するようになりました．これにより，例えば航空機が目的地に到着する前に故障箇所を知り，交換が必要な部品を手配することが可能になるため，遅滞を極力生じさせずに運航できるようになります．このように，単にハードウエアとしての製品を供給する製造業としてのビジネス・モデルにとどまることなく，顧客が求める価値を提供するビジネス・モデルへと進化させている企業が見られます．

7.2 各種の経済性

　ここまで，企業活動を通じて顧客に働きかけ，製品やサービスを提供して利益を上げる仕組みとしてビジネス・モデルを説明してきましたが，その背後には，規模の経済，範囲の経済といった各種の経済性が存在しています．

規模の経済性

　規模の経済性とは，生産量を増加させるにつれて製品1個あたり製造費用が低下することによって生じる経済性のことです．費用には，生産量の変化に伴って変動する部分と変動しない部分とが存在し，変動する部分のことを変動費，変動しない部分のことを固定費と呼びますが，これらの関係を図示すると，図7-1のようになります．生産量がaの状況から2倍の2aになれば，総製造費用のうちの変動費は2倍になりますが，固定費は一定額のままです．

　この状況を製品1個あたりで見るとどうでしょう．製造という側面を考えると，図7-2のように，1個あたり製造費用で見た場合，変動費は一定額のままですが，固定費は半分になります．このように，生産量を増やすことによって製品1個あたりに含まれる固定費を小さくすることができます．あるいは調達という側面を考えた場合，原材料を大量購入することによって1個あたりの原材料費を減少させることができる場合もあるでしょう．これらのように，規

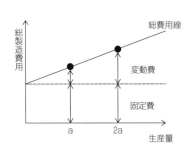

図7-1　生産量の変化と総製造
　　　　費用

（出所）筆者作成.

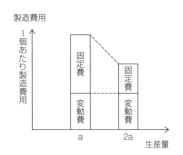

図7-2　生産量の変化と製品
　　　　1個あたり製造費用

（出所）筆者作成.

模の経済性は生産量を増やし規模を拡大することによって製品1個あたり費用（平均費用）を低くすることを通じて発揮されます.

　なお，これらの図7-1，7-2では製造の面を中心に規模の経済について考えましたが，例えば流通業界や小売業界といった製造を伴わない状況下でも同様で，基本的には規模の経済性が発生します. もしこれにより自然独占が発生し，それが社会的に見て適切でないと判断された場合は，競争的な市場環境を維持・促進するために政府が介入することになります.

　ちなみに，規模の経済性の背後では経験効果というものも機能しています. 経験効果とは，累積生産量が増えるとともに1個あたり製造費用が低減していく現象のことです. また，経験の蓄積が企業にどれだけの効果を与えるかを定量的に明らかにしグラフ化したものを経験曲線と呼びます. 規模の経済性が一定期間内の生産量を考えているのに対して，経験効果は生産開始から現在までの累積生産量で考えます.

範囲の経済性

　範囲の経済性とは，企業が経営資源を複数種類の製品，事業で利用することによって生じる経済性のことです.

　図7-3で考えてみましょう. 企業Aが製品aを，企業Bが製品bを製造していたものを，企業Aが企業Bを買収することでa，bの両方を企業Aが製造することにしたとしましょう. AとBとで共通的に発生していた費用を抑えることができ，それぞれが一種類の製品を製造していた時の費用合計よりも小さくすることができます. このように，別々の企業がそれぞれの製品，事業に独立して取り組むよりも，一つの企業が複数の製品や事業を同時に営んだ方が費用を削減できるというのが範囲の経済性です.

　範囲の経済性について具体例で考えてみましょう. 例えば，日本の紙産業は，伝統的にはパルプや紙を製造するパルプ・紙製造業と，それを2次加工する加工紙・紙製品製造業企業等とが別々の企業になっていることが一般的でしたが，1990年代以降の大規模な合併を通じてパルプ，紙，紙加工品といった広範囲の製品製造を担う企業が見られるようになってきました. パルプ・紙の製造には大規模な製造設備が必要であることから，規模の経済性を期待した合併という

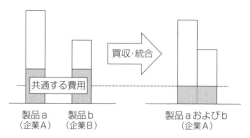

図7-3　生産量の変化と製品1個あたり製造費用
（出所）筆者作成.

側面もありますが，原材料から加工品までの幅広い製品をひとつの企業で製造することによる費用削減効果，すなわち範囲の経済性を狙ったものと考えられますし，実際に範囲の経済性が発揮されているという実証研究もあります．

　範囲の経済性は，製造業に限らず商品売買業やサービス業にも存在します．自動車販売会社が自動車を販売するだけではなくカーシェアリング事業に取り組むといった形で事業の幅を広げ，これまでに蓄積した自動車に関するノウハウや保有する整備部門といった経営資源をより広い範囲で活用するよう試みているのも，範囲の経済性の発揮を意図しているといえるでしょう．

その他の経済性

　規模の経済性，範囲の経済性以外にも例えば，密度の経済性，連結の経済性，ネットワークの経済性といったさまざまな経済性が存在します．

　密度の経済性の例としては，コンビニエンスストアのドミナント戦略を挙げることができます．ドミナント戦略とはチェーンストアが特定の地域に集中的に多数出店する経営戦略のことです．「多数」ということから「規模」の経済性が発揮される側面もありますが，そこに面積という要素を加えた「密度」を意識することで,配送や巡回指導を効率的に行うことができます.物流センターから各店舗に配送するにあたって，店舗の密度が高い場合，例えば一定時間内に1台のトラックで10店舗に配送を終えることができるとしましょう．それに対してもし密度が低いために同じ時間内に5店舗にしか配送できない場合，同じ店舗数に対して2台のトラックが必要になり，費用が極端に増えます．ドミ

ナント戦略にはさまざまな狙いが含まれていますが，密度の経済性が発揮されることも意識していると言えます.

　また，連結の経済性とは，一つの企業として規模の大きさや範囲の広さを追求するのでなく，複数の企業が連携し，各企業の持つ情報や技術・ノウハウを結びつけることによって相乗効果を発揮し，補完効果を高めることをいいます.これは範囲の経済性と似ていますが，複数の事業や製品を外部から企業組織の内部に取り込むのではなく，独立した企業どうしが連携するところに特徴があります.連結の経済性は，別個の企業間の連携によりシナジー効果（相乗効果），すなわち自らが保有する経営資源を他の企業の経営資源と組み合わせることで，相互に弱点を補完したり協働することで1＋1で2以上の効果を生み出す効果が発揮されることが期待できます.最近では，製造業であるはずの企業が工場を所有せず，製造そのものは他の企業に委託しているファブレス企業（fabless, without fabrication facilities）といったものが存在していますが，これも連結の経済性が発揮されるがゆえに実現しているといえるでしょう.

　そしてネットワークの経済性とは，製品・サービスの利用価値が，消費者個人ではなくその利用者数といった消費者全体の影響を受けて決まるという性質のことで，ネットワーク外部性とも呼ばれます.例えば，電話機が世の中に一つしかない状況では通話できる相手がいないため電話機に価値はないですが，ネットワークが構築され広く普及することで価値は高まります.例えば利用者が10人であれば10×（10－1）÷2＝45の組み合わせで通話が可能ですが，利用者が10倍の100人になると，組み合わせは100×（100－1）÷2＝4,950というように約100倍になります.この組み合わせの数を電話機の価値だとすると，ネットワークの価値は利用者数の二乗に近い形で爆発的に増えたことになります.あるいは，ゲーム機で遊ぶためにはソフトウェアが必要ですが，各ゲーム機は一般的にメーカーによって規格が異なるため，機種に対応したゲームソフトを購入する必要があります.こうした状況において消費者は，販売台数の多い機種の購入を選択することが多様なゲームソフトをより容易に入手，利用できることにつながります.このようにネットワークの経済性は，消費者にとって，ネットワークのより大きな製品を選択することがより大きな価値をもたらす状況で生じます.

　このように，企業を取り巻く環境が変化したことで，注目される経済性は規模の経済性から範囲の経済性，連結の経済性，ネットワークの経済性へと変化しています．すなわち，工業化社会における大量生産や分業を背景とした規模の経済性が規模の拡大によって製品単位あたり費用の低下を追求してきたのに対して，大量生産から多品種少量生産への変化に伴って，新たな事業分野を開拓して多角化を行ったり，多品種化により範囲の経済性を追求する方向性が注目されるようになりました．そして複数の企業による連携がより容易となった環境変化を背景とした連結の経済性は，企業外部の他の組織にある資源を活用することによる費用削減効果を狙っています．あるいは消費者が消費者を呼ぶ形になるネットワークの経済性は，収益面では乗数的な増加が期待できる一方で，コストは比例的（直線的）にしか増加しない，あるいは規模の経済性により抑制できるため，「勝者一人勝ち（winner takes all)」の傾向がみられます．

　そして，これらの各種の経済性は独立したものではなく相互につながりのあるもので，また決してどれかが正しいというものではありません．おかれた環境やその環境の変化に伴って企業の追求する経済性が変化しているといえるでしょう．

7.3　収益，費用，利益の関係

変動費と固定費

　ここまで各種の経済性について見てきましたが，特に規模の経済性や範囲の経済性について考える際に重要になっているのが変動費と固定費という費用の分類方法です．

　先にも述べたように，費用には，生産量の変化に伴って変動する変動費と，変動しない固定費とがあります．生産量を増やせば費用は増えますが，1対1の比例関係で増えるわけではなく，増える部分と増えない部分とがあるというわけです．生産量を増やしても製品1個あたり変動費は変化しませんが，製品1個あたりの固定費が減少することで規模の経済性が働き，あるいは固定費を複数種類の製品で分かち合うことで範囲の経済性が働きます．規模の経済性も範囲の経済性も，固定費を細かく分けることによって発揮されているという点

では共通しています.

CVP分析

　ここまでは生産量と関連づけて変動費，固定費を考えましたが，販売量＝売上高とも関連づけて考えてみましょう.

　そもそも会計には必ず成り立つ基本的な等式があり，その一つが損益計算書等式です.

　　収益－費用＝利益（マイナスとなる場合は損失）：損益計算書等式

　本来，収益にはさまざまなものが含まれていますが，概ね売上高ということができます．そして費用には変動費と固定費とが含まれているので，先の**図7-1**に売上高線を描き加えれば**図7-4**になります．売上高＝販売単価×販売量と考えれば，売上高線は販売単価の傾きを持った直線として描くことができるわけです．なお，売上高線を描くために，縦軸を総製造費用および売上高に，横軸を生産・販売量に置き換えています．また，製造したものがすべて販売できると仮定して描いています.

　この図で売上高線と総費用線の交わっている点では，売上高と総製造費用とが同じ金額になっており，これを損益分岐点と呼びます．損益分岐点では，利益も損失も生じない状況となっており，この点よりも生産・販売量が多ければ利益が生じ，少なければ損失が生じます．すなわち，この点は利益が生じるか

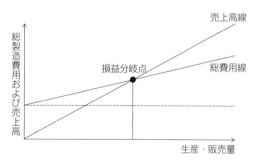

図7-4　損益分岐図表

（出所）筆者作成.

104

損失が生じるかの分水嶺，分岐点のような位置づけになっています．

　そして，この図は費用（Cost）・販売量（Volume）・利益（Profit）の三者の関係を示していることから，これらの頭文字を取ってCVP図表とも呼ばれます．また，これらの関係を分析することをCVP分析と呼びます．

貢献利益と固定費との関係

　売上高から変動費を差し引いたものを貢献利益ないし限界利益といいます．これを製品1個あたりで表現すれば，

　　1個あたり貢献利益＝販売単価－1個あたり変動費

となります．

　図7-5のように，製品1個を販売するごとに貢献利益というしずくを一滴ずつ固定費全体分の大きさの空のプールに垂らして，水槽がちょうど満杯になった状態が損益分岐点であり，あふれて水槽からさらにしずくが垂れればそれが利益というわけです．逆に水槽を満杯にできなければ固定費全体は回収し

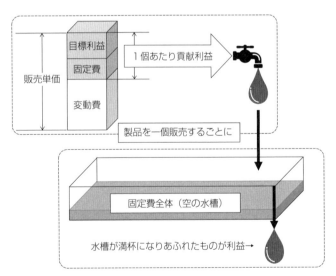

図7-5　1個あたり貢献利益と固定費との関係
（出所）筆者作成.

切れておらず，損失が生じているというわけです．

　この図で特に注意が必要な点は，「製品を 1 個販売するごとに」の枠内にある固定費です．販売単価を検討するにあたって製品 1 個あたりの固定費を計算しがちですが，固定費はそもそも製品 1 個あたりで発生するものではなく空っぽのプールのような存在です．規模の経済性について考える際にも 1 個あたりの固定費が下がると考えましたが，これは事後的な計算結果としての意味しかありません．本来，固定費は 1 個あたりで発生するものではないため，例えば販売単価を決定するにあたって，総製造費用（＝変動費＋固定費）を予想販売数量で割ることで 1 個あたり製造費用を求めることには問題があります．人々が価格を見てから買うか買わないかを判断することを考えれば，販売単価を先に決めないと販売数量は予想できないはずです．

ま　と　め

　本章では，販売業，製造業，金融業の基本的なビジネス・モデルについて確認した上で，各種の経済性について紹介しました．また，収益，費用，利益の関係について紹介しました．

　競争市場においては価格決定が重要な意味を持ちますが，それには製造費用に利益を上乗せする方法と，市場調査などで顧客に受け入れられる価格を設定する方法の 2 種類があります．前者の場合，1 個あたり製造費用を求めるためには販売数量をあらかじめ見積もらなければならないという問題があります．また後者の場合，原価割れを避けるために原価管理の努力が欠かせません．これらのことから，まず市場に受け入れられる価格を決め，そこから目標利益を差し引くことで原価として許容される金額を設定するという「原価企画」という原価管理手法も生まれました．原価企画では，製品の製造段階で削減できる原価はむしろ少ないため，製品の企画・開発段階から全社的にコストダウンを意識することが求められています．原価管理の多様は手法については，管理会計分野において学ぶことができます．

参考文献

Christensen, C. M., S. Cook and T. Hall（2005）"Marketing Malpractice: The Cause and the Cure," *Harvard Business Review*, December 2005.（クリステンセン，C. M.／S. クック／T. ホール「「ジョブ」に焦点を当てたブランド構築が必要　セグメンテーションという悪弊」『ハーバード・ビジネス・レビュー』スコフィールド素子訳，ダイヤモンド社，2006年6月号，48-62頁）.

浅田孝幸・頼誠・鈴木研一・中川優・佐々木郁子（2017）『管理会計・入門――戦略経営のためのマネジリアル・アカウンティング――　第4版』有斐閣.

崔英靖（2016）「第7章　基本的なビジネスモデルと各種の経済性」崔英靖・大西正志・折戸洋子編『ここから始める経営入門』晃洋書房，99-114頁.

第8章
生産システムの変遷とサプライ・チェーン・マネジメント

はじめに

　企業は必要な部品や原材料を調達し工場などで製品を生産し，商品として市場に供給します．この一連の流れを効率よく管理する必要があります．社会環境の変化にもとない，生産・販売の流れや仕組みが絶えず進化しています．本章では，生産・販売の一連の流れを説明します．

8.1 大量生産から多品種少量生産へ

大量生産

　19世紀後半から20世紀初にかけて，化学，電気，石油および鉄鋼などの分野で技術革新が盛んに行われ，大量生産・大量消費の経済社会が形成されました．大量生産を支える生産方式（コンベヤラインの導入，徹底した分業など）や生産・調達システム（部品の互換性，一括大量納入，作業動作分析など）も多くの企業・工場で導入され，生産性を飛躍的に向上させたアメリカやドイツ，フランスはイギリスに取って代わって，世界の工場となり，経済の成長を牽引しました．

　戦後，世界経済が成長し続けるなか，日本の産業界はこぞって大量生産方式を導入し，大量生産・大量消費の経済社会を構築し，戦後復興および高度成長を実現しました．徹底した分業，OJT（On-the-Job Training：実際の生産現場・職務現場において，業務を通して教育訓練を行うこと）の定着による作業熟練性の向上，ロボットの活用による生産の効率化，グループ企業の「系列化」による部品供

給の安定化といった経営戦略の下で，工場では，生産を拡大し，規模の経済性
を享受してきました．さらに，日本人の持ち前の勤勉さと創意工夫を武器に，
品質管理，生産現場の改善が盛んに行われ，製造能率を高めました．自動車，
カメラ，家電などの分野で世界のマーケットを席巻し，世界第2位経済規模ま
で成長しました．

　自動車を例に大量生産を見てみましょう．

（1）T型フォード車

　歴史的に有名なT型フォード車は米国のフォード・モーター社が1908年に製
造・販売した自動車でした．「交通手段」としての基本機能だけを重視し，大
衆車として実用性と安さを実現しました．1908年に発売されてから1927年まで
基本的なモデルチェンジのないまま，1,500万台以上が製造・販売されました．
T型車は当時では本格的なベルトコンベヤによる流れ作業方式をはじめて導入
し，近代化された大量生産方式を用いたことが現在の経済社会に大きな影響を
与え，歴史に名を残しています．

（2）トヨタカローラ

　日産サニーとともに，トヨタカローラは日本国内の代表的な大衆車でした．
カローラはトヨタ自動車が1966年より製造・販売してから，スタンダードな大
衆車として販売台数を伸ばしていました．モデルチェンジはあるものの，1969
年〜2001年までの33年間にわたって車名別国内販売台数がトップを維持してき
ました．トヨタ自動車はジャストインタイム（JIT: Just-in-Time）生産が代表す
るトヨタ生産システム（TPS: Toyota Production System）を実現し，海外の現地生
産の展開とともにTPSを世界に普及しました．

多品種少量生産

　日本を含む先進国が経済発展によって，商品が飽和状態になり，市場が成熟
しています．メーカー主導の「製品設計→大量生産→大量販売」といった生産
販売の流れがうまく行かなくなりました．消費者にとって商品の選択肢が増え，
「基本機能のみを重視しスタンダード商品を買う」から「本当に自分がほしい
商品だけを買う」へと，消費者行動が大きく変わりました．経済が豊かになり，
消費者の価値観も多様化しているので，商品の多様化（機能，品種や仕様など）

が求められています．つまり，従来の製品中心のマーケティングから，消費者志向のマーケティングへと変化しないと，細分化された市場ニーズに対応できなくなります．

再び自動車の例を見てみましょう．

日本国内だけでも，いすゞ，スズキ，SUBARU，ダイハツ，トヨタ，日産，日野，本田，マツダ，三菱など，多数の自動車メーカーがあります．乗用車のボディタイプで分類すると，セダン，ワゴン，ミニバン，SUV，スポーツ，コンパクトカー，軽自動車などがあります．自動車の動力のタイプからみると，ガソリン車，ハイブリット車，プラグインハイブリッド車，電気自動車，燃料電池車などがあります．

それぞれの車種に，さらに異なるデザイン，性能，運転支援機能，自動運転機能などの組み合わせで膨大な品種の車が生産され，消費者がどの車種を選ぶべきか迷ってしまうほど多品種が進んでいます．自動車購入時の評価項目としては，価格，外観，安全性能，動力のタイプ，燃費，乗り心地，走行性能，グレード・ブランドなどがありますが，購入者の年代別，性別，所得，好み，用途などによってそれぞれ重視する評価項目が異なることが調査で分かっています．

消費者は必要な商品を，必要な時に必要な量だけ求めています．企業にとっては，必要な量以上に製品を生産してしまうと，過剰在庫が増え，競争力が低下します．企業は市場のニーズの変化や動向を俊敏かつ正確に捉え，必要な製品を，必要な時に必要な量だけ生産し市場に提供しなければなりません．つまり社会環境の変化は，多くの企業が少品種大量生産を終結させ，多品種少量生産を取り入れることをもたらしています．

8.2　企業を取り巻く社会環境の変化と生産管理の目標

1990年代以降，企業を取り巻く社会環境が著しく変化してきました．高度成長期の終焉，少子高齢化の進行といった国内環境が大きく変化しています．同時に，新興国の台頭，経済のグローバル化といった国際環境が急激に変化し，競争が激化しています．また，情報技術（IT・ICT・IoT・AIなどを含む）の進展

による情報化社会の到来が企業の生産技術や管理技術，消費者のライフスタイルや消費行動を大きく変えて，企業経営に脅威とチャンスを同時にもたらしています．企業の経営環境は複雑化が進み，従来の経営戦略や生産システムでは社会環境の変化にうまく対応できなくなりました．

社会環境の変化にともない，生産システムの設計と生産管理では主に以下のことが求められています．

（1）商品のライフサイクルの短縮化

商品のライフサイクルは，商品が市場に投入されてから退場までの流れを表すもので，一般的に「導入期」→「成長期」→「成熟期」→「衰退期」という４つの段階に分けられます．競争の激化により，企業が既存の製品を一部改良し，頻繁に「新商品」として市場に投入する傾向があります．こうした新商品の機能やデザインなどの「斬新さ」の欠如や，競合他社の類似商品の増加，SNS（Social Networking Service，ソーシャル・ネットワーキング・サービス）の普及で購買意識と購買行動の素早い変化（以前は企業が広告を通して企業から一方的に消費者に発信していました．SNSは消費者同士がリアルタイムで商品情報を発信・共有しています）が結果的に商品のライフサイクルの短縮化につながります．

（2）製品開発・設計のスピード化

ニーズの変化が激しい市場への商品の早期投入で商品の先行優位が形成され，価格競争を避け，比較的に高い価格帯でシェアの拡大ができます．そのために，製品開発・設計のスピード化が求められます．製品開発・設計のツール（PDM（Product Data Management）：製品情報管理，3 D-CAD（Computer Aided Design）：コンピューター支援設計，CAM（Computer Aided Manufacturing）：コンピューター支援製造など）の普及と活用によって，ニーズ分析，製品開発，製品の製造設計（使用部品の調達，生産方法などを含む）がスムーズにできて，開発設計の期間の短縮化が実現できます．また，最近では，国内のみならず海外企業との部品の共通化（異なる品種の製品が同じ部品を使用すること），モジュール化が進んでいます．

（3）低価格化・低コスト化

経済のグローバル化や規制緩和が進むにつれ，国内外から新規参入のハードルが下がり競争が激化しています．類似品が急増し商品の差別化をはかりにくくなり，一部商品のコモディティ化が進ます．その結果，商品の価格競争が起

きやすくなります. また, 日本国内経済の低迷や社会保障への不安で消費者の節約志向が高まり, 消費者がより安い商品を選択する傾向が顕著となり, 商品の低価格化が一段と進みます.

　企業は安く商品を提供しなければならず, 利益を確保するためには, 生産コストや販売コストを下げる必要が生じます. 従来の取組みである製造工程のコスト削減だけでは限界があります. 原材料・部品調達から製造, 物流, 販売などの一連の生産プロセスのコスト削減が求められます.

（4）多品種少量生産体制の確立

　多品種少量生産は, 市場ニーズに合わせて複数品種の製品を, 少量ずつ生産する方式です. 従来の少品種大量生産では, 同じ製品を単純に繰り返し大量生産することで, 作業者の作業スキルが向上し, 作業能率や品質が高い水準に維持できていました.

　多品種少量生産は市場ニーズに合わせて, 必要な製品を必要な時必要な量だけ生産するので, 多様なニーズに対応できてサービス率を向上させ, 製品の過剰在庫（作りすぎ, 売れ残り）のリスクを低減することができます. 一方, 一つのコンベヤ・生産工程での複数品種の生産は, 使用部品や作業方法が異なるため, 生産管理の複雑さが増しています. 原材料・部品の種類が増えるだけではなく, 生産品目が変わると, 段取り替えや生産工程の変更が必要となり, 作業者が複数の作業方法を習得する（多能工）必要も生じます. 多品種少量生産でも低コストでスムーズに生産できる生産システムの構築が必要です.

（5）需要予測の迅速化・正確さ

　企業の生産活動に原材料・部品調達, 輸送, 製造, 配送, 販売など一連の複雑な作業が必要であるため, 予めに生産計画を立てる必要があります. 生産計画は, 企業の生産管理におけるすべての計画のことで, 在庫計画, 日程計画, 生産能力計画などを含みます. 生産計画は一般的に, 長期生産計画(大日程計画), 月次生産計画（中日程計画）, 日程計画（小日程計画）があります.

　多品種少量生産体制の下で, 製品の過剰在庫を減らすためには, 精度の高い需要予測に基づいて販売計画, 生産計画を立てる必要があります. しかしながら, 製品の多仕様化多品種化に加え, 需要量の変動（傾向変動, 循環変動, 季節変動, 不規則変動など）が複雑に影響し合い, 需要予測が難しくなっています. 適

切な需要予測方法の開発と確立が重要です.

（6）納期（リードタイム）の短縮化

注文と生産の先行関係の観点から，生産は見込生産と受注生産に大別できます.

見込生産は予めに生産をしてから注文を受け付ける方式です．事前に市場ニーズを予測し，生産計画を確定します．この生産計画に基づいて設計や原材料・部品の調達，製品の生産を行い，完成品を市場に出荷します．消費者は市場で商品を購入し消費します．見込生産では，生産と需要との間に商品在庫というバッファがあるため，消費者が購入したい時に比較的に短期間で市場から入手でき，納期が短いというメリットがあります．また，工場では，周期変動や季節変動を平準化し，安定した生産を行うことが可能です．一方，ニーズ予測と需要の実態に乖離が生じた場合は，過剰在庫または品切りが生じてしまうデメリットがあります.

受注生産は，消費者の注文を受けてから生産を開始する方式です．受注生産にはさらに特注品受注生産（注文を受けてから製品設計から始まる方式．例えば造船業や注文住宅などがある）と標準品受注生産に分けられます．受注生産は過剰在庫や品切れが生じないメリットがある一方，注文を受けてから生産計画を確定し部品調達や生産実施を行うため，納期が長くなる傾向があり，注文の状況によって生産の平準化が実現しにくいデメリットがあります.

図8-1に見込生産を，図8-2に受注生産の流れを示します.

多品種少量生産では，市場ニーズに合わせて生産を行うケースが増えており，見込み生産から受注生産への変更が増えているので，納期の短縮が求められています.

納期には，部品納入リードタイム，生産リードタイム，製品納入リードタイ

• 見込み生産：需要を予測してあらかじめ生産しておき，在庫を
  用いて顧客ニーズに対応

図8-1　見込生産の流れ

（出所）筆者作成.

・受注生産：顧客から受注してから生産を開始
　⇒標準品受注生産＆特注品生産

図 8-2-A　受注生産（標準品）の流れ

（出所）筆者作成.

図 8-2-B　受注生産（特注品）の流れ

（出所）筆者作成.

ムなどから構成されます. リードタイムの短縮には, 調達, 生産, 完成品輸送の各作業の所要時間の短縮と, 一連の生産プロセスでの滞留時間の短縮をはかる必要があります.

（7）在庫（部品在庫, 仕掛在庫, 製品在庫）費用の最小化

　在庫は生産過程において重要な役割を果たしています. 生産と消費（使用）の空間的乖離（A地で生産されたものがB地で使われる）, 時間的乖離（C時点で生産されたものがD時点で使われる）を埋める役割を果たし, 納期の短縮をはかるために必要とされます（A地C時点で生産されたものを予めにB地に在庫として保有しておけばB地D時点で消費者がすぐ入手できる）. また, 生産の平準化や生産調整を行う手法の一つとして広く活用されています.

　ある製品のt期の需要量が80単位, t+1期の需要量が120単位としょう. 狭義の受注生産であれば, t期80単位, t+1期120単位製造の生産計画を立てます. しかしt期とt+1期の生産量が異なると, それぞれの生産量に合わせて機械設備や作業者数の調整を行う必要があります. t期100単位, t+1期も100単位の生産計画であれば, 生産の平準化が実現できます. その際に, t期に20単位の製品在庫が発生します.

　一方, 在庫は生産過程の諸悪の元とされ, 必要以上の在庫は生産コストを増大させ, 製品の競争力を低下させます.

　在庫費用には, 発注費用, 在庫維持費用, 在庫過不足費用に大別できます.

　発注費用には, 発注時の通信料, 輸送費などが含まれます. 在庫維持費用に

は，保管費，物流管理費，保険料などが含まれます．在庫過不足費用には，過剰在庫費用（陳腐化や品質劣化で商品の価値が低下する），品切れ費用（販売の機会損失，納入遅れによる生産・納品の遅延損失など）が含まれます．

生産プロセスにおける在庫の位置づけによる分類は以下の通りです．

原材料・部品在庫：製品を生産するために仕入れる原材料・部品の在庫．原材料・部品在庫は部品納入リードタイムが長ければ在庫が増えます．

仕掛在庫：一連の生産プロセス（生産工程内または工程間）にある作りかけの在庫．生産リードタイムと関わっています．

製品（完成品・商品）在庫：生産顧客に販売できる在庫であり，製品納入リードタイムや品切れ許容度に依存します．

企業では，生産活動がスムーズに行われることが前提に，この原材料・部品在庫，仕掛在庫，製品在庫に対して，それぞれかかる在庫費用の最小化，または全体の最小化をはかる必要があります．

8.3 生産システムと競争力

生産システム

生産とは新しい産出物を作り出すことです．産出物は，有形の場合（製品）と無形の場合（サービス）に分けられるが，本章では，主に工場などで有形な製品を作り出す「物の製造」について説明します．企業は市場に要求される各品種の製品を生産するために，必要な生産工程（製造工程，作業工程），物流工程（輸送，配送，運搬）の組み合わせで生産活動を実施します．

生産活動に係る調達・生産・商品の流れを図8-3に示します．

本章では生産システムは原材料・部品調達，生産，物流，販売の一連の生産プロセス（ハード面）に，情報，設計，管理等の機能（ソフト面）を加えるものと捉えます．生産システムは，環境の変化にともない常に進化しています．

一般的に，生産システムの主な管理対象はQCDがあります．QCDを定量的把握することで，生産システムの分析や改善がしやすくなります．

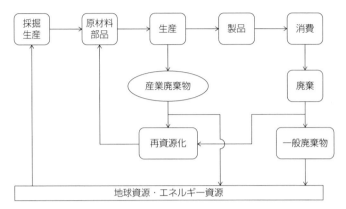

図 8-3　生産システムにおける調達─生産─消費の流れ
（出所）筆者作成.

Q（Quality）：設計品質と製造品質.

C（Cost）：生産コスト. 製品の販売価格や利益に密接に関係します.

D（Delivery）：納期. 納期内に必要な生産量を生産できる生産能力が関係
します.

競争力の概念

　国際競争力, 科学技術競争力, 産業競争力, 企業競争力, コスト競争力など,
「競争力」という言葉は幅広く使われており, 総じて資源配分の効率性を示す
概念です. 競争力の評価指標や評価方法がさまざまですが, IMD-WCC と
WEFが発表するランキングが有名です.

　IMD-WCC（International Institute for Management Development：国際経営開発研究所,
World Competitiveness Center：世界競争力センター）はスイスのビジネススクールの
附属世界競争力センターです. IMD-WCCは主に経済, 財政, インフラなどの
分野を評価し, グローバル企業にとってのビジネス環境の整備状況, 制度, 教
育といった関連要素も考慮した評価を実施しています. 2019年現在のランキ
ングでは, 日本が30位でした. WEF（World Economic Forum）が毎年発表する
GCR（Global Competitiveness Report）は 主に基礎的条件, 効率性向上要因, イノ

ベーション要因などの分野を評価し，各項目の評価点の加重平均を算出しています．2017〜2018年は日本が10位でした．

　生産システムの評価について生産性を用いる場合がありますが，ここでは，生産システムにおける製品競争力の概念を説明します．

　製品競争力はある企業が提供する個別製品あるいは製品群の，既存の顧客の満足度と潜在的な顧客の誘引力を示す概念です．製品競争力の要素として，表層の競争力と深層の競争力に分けて考えることができます．

　表層の競争力は，顧客に直接見える・感じる製品への評価です．マーケティングの4P（Product, Price, Promotion, Place）活動がこれに該当する．一方，深層の競争力は，顧客が直接に見えない生産プロセスへの評価であり，表層レベルの競争力を支える企業の生産活動の実質的評価です．深層の競争力は企業のイノベーション力，モチベーション，経営戦略，生産効率，情報技術など多岐にわたりますが，生産効率については前述したQCDは深層の競争力の一つの指標でしょう．

8.4 SCMの歴史的発展

製販一体化

　大量生産から多品種少量生産へのニーズの変化にともない，従来の生産システムでは市場に対応できなくなっています．SCM登場の前に，いくつかのSCMのルーツといわれる製販一体化の仕組みを紹介します．

QR（Quick Responseクイックレスポンス）

　1980年代，海外からの安い衣料品が大量にアメリカに輸入されました．米国のアパレル業界はコストの安い輸入品との差別化をはかるために，衣料品などを取り扱う製造業および小売業に広く導入されていた市場即応型の生産・販売システムとしてQRが登場しました．当時，米国のアパレル産業は個々の生産工程，物流工程に競争力はあるものの，小売業との情報のやりとりが悪く，納期もとても長かったです．売れ残りや品切れ，過剰在庫の増大などのトラブルが頻繁に発生していました．そこで，商品が工場から小売までのムダを省き，

顧客ニーズに合う商品を迅速に提供する目的で，小売業と製造業が戦略的提携を結び，製販の商品番号の標準化，コンピューターによる商品の発注と管理，事務手続きの標準化・簡素化を実現しました．

ECR（Efficient Consumer Response）

1992年に米国の食品産業界を中心に開発・導入された製販一体化の生産システムで，消費者を基点とした販売→補充→生産の流れの効率化をはかり，納期短縮，在庫削減，コスト削減を実現しました．

かんばん方式

1980年代，高品質低価格の日本製品が世界を席巻していました．高品質と低コストを同時に実現できた日本的生産方式が世界の注目を浴びました．日本的生産方式が米国の大学や企業で研究され，生産管理分野においてはいまでもKeiretsu，Kaizen，Kanbanといった和製英語が残っています．

ジャストインタイム（JIT）生産は必要なものを必要なとき，必要な量だけ生産・供給する仕組みであり，各生産工程，物流工程において必要最小限まで在庫を減らし，生産・物流の問題を顕在化させたうえで，生産プロセスのムダを取り除いて徹底したコスト削減を行い，経営資源を最も効率的に活用することができます．

トヨタ自動車はかんばん方式を導入し生産システムにおける一連のプロセスの在庫の最小化をはかりジャストインタイム生産を実現しています．

従来は押出（push）型生産方式が支配的でした．顧客の要求（受注または見込み）をもとに立てられた生産計画をもとに，MRP（Materials Requirements Planning：資材所要量計画）などを用いて川上の各工程の生産計画を立てます．前工程の作業済品は後工程の要求に関係なく後工程に押出されます．押出型生産方式は生産計画が立てやすく，工程管理もしやすい反面，製販分離で市場ニーズの変動や注文の変更があって，前工程ですでに生産が始まった製品は完成まで後工程へ流れ，生産されます．

JIT生産は押出型ではなく後工程の引取方式，いわゆる引張り（pull）型生産方式を採用し，製販の一体化をはかります．つまり，後工程が，必要な物を，

必要な時に，必要なだけ，前工程から引き取ります．JIT生産方式は顧客の要求をもとに生産計画を立て各工程に内示しますが，最終工程は確定した生産計画に基づいて生産を開始し，必要な分だけ前工程より部品を引き取ります．前工程は引き取られた分だけを生産・補充します．この前工程・後工程間のやりとりの際，作業指示および部品管理のツールとなるのが「かんばん」です．

　かんばんは後工程が「いつ，どこで何の部品を使用したか」を情報として前工程に伝えます．つまり後工程の作業進度により生産・調達するため，常に生産計画＝実績情報であり，"情報の流れ" と実際の "物の流れ" が一致する（方向は逆ですが）ことになります．運用上，後工程と前工程の間に伝達用の引取かんばんと，工程内生産指示を行う生産指示かんばんがあります．

　かんばん生産方式では引取量が大きく変動すると，前工程では変動のピークに合わせて在庫を用意しないといけなくなります．そのため，かんばん生産方式を有効に活用するためには，後工程の生産の半準化をはかる必要が生じます．

　かんばん方式は自動車生産のみならず，国内外の各業界で積極的に導入されています．最近では，電子かんばんが増えています．

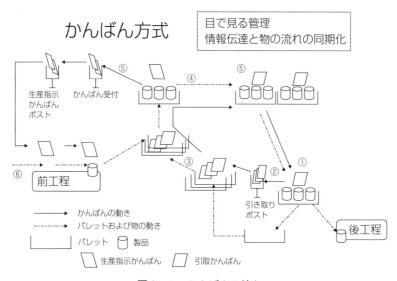

図8-4　かんばんの流れ

（出所）各種資料を基に筆者作成．

図8-4にかんばんの流れを示します.

8.5　SCMの概念

SCMの定義

　企業は競争力を高めるためには, 市場ニーズの変化に柔軟かつ迅速に対応する必要があります. いい製品を安く迅速に提供できる生産システムの構築が必然となりました. 1990年代に入り, 情報技術の進歩にともない, 製販一体化のさらなる進化として, SCM (Supply Chain Management, サプライ・チェーン・マネジメント) が登場し生産システムの世界的な流れとなっています.

　SCMは, 複数の企業間, 工場間の供給関係を供給連鎖として捉え, この供給連鎖を一体的, 統合的にマネジメントする手法です.

　SCMについては多くの定義・概念説明が存在しますが, ここで代表的なものを紹介します.

　CSCMP (Council of Supply Chain Management Professionals) は「供給連鎖管理は資源の探索および調達, 生産, ならびにすべての物流 (ロジスティクス) 管理活動を含む計画と管理の全活動を包含するものです. 供給者, 仲介者, 3 PLサービス供与者および顧客からなるチャネルパートナーその調整と協力が重要です. 本質的に, 供給連鎖管理は企業内および企業を超えて需給管理を統合することである」と定義しています.

　APICS (American Production and Inventory Control Society) は「供給者—使用企業間を超えて結び付け, 原材料の調達から最終消費に至るまでのプロセスで, 価値連鎖の提供を可能にする企業内外の機能である」と定義しています.

　両者が異なる視点から定義していますが, 共通点としては, (1)企業内・企業を超えて需給管理を統合すること, (2)生産販売の需給管理を連鎖の視点で全体的に統合的に行う (製販一体化) ことが挙げられます.

SCMの構築

　SCMの構築は多くの関連企業・作業を有機的に結合する必要があります.

　企業部門別の観点からは, 市場側に小売・代理店・卸売り・商社, 生産側に

企業・工場，物流側にトラック業・航空運輸業・海運業・倉庫企業・通関業，サプライヤー側に部品メーカー・協力企業といった企業の強力な連携が必要となります．企業内では，営業・生産・調達・物流などの各部門が一体的に関わる必要があります．

　一方，SCMを構成する業務の仕組みとしては，計画業務（販売計画・生産計画・調達計画・人員計画など），実行業務（受注，出荷，在庫管理・物流・納品管理，製造など），経営戦略（製品開発・設計・経営目標など）の融合と統合が必要となります．

　SCMの構築の成否に最も重要なのは企業・部門間の強靭なつながりと情報共有です．SCMの複雑な企業・部門間の連携を円滑にマネジメントするには，いままでそれぞれ単独に完結している需要情報と供給情報の統合が必要となり，部分最適化から全体最適化へチェンジが必要です．

　需要情報サプライチェーンの川下（顧客側）から川上（サプライヤー側）に向かって伝達されています．一方，供給情報は逆にサプライチェーンの川上から川下に向かって伝達されています．いままでこれらの情報がそれぞれ単独で流れるだけで，各企業・部門が全体の流れを把握できず各領域の部分最適化をはかってきました．需要変動あるいは生産実行に遅れがあってもこの二つの情報を随時にチェックし生産計画の変更や生産指示の変更は簡単にはできません．市場ニーズに柔軟に対応することが困難でした．サプライチェーンが長いほど情報の伝達時間がかかり，リードタイムも長くなり，全体のムダやコストが増えます．SCMではこの二つの情報を共有する仕組みを構築し，各企業・部門がリアルタイムで全体の情報を簡単に確認できるようになります．一連の生産プロセスの状況の見える化で，受注状況，進捗状況が共有し，納期管理や物流管理，在庫管理もしやすくなり，全体の最適化をはかることができます．

　図8-5にSCMの概念を示します．

ま と め

　企業の経営やマネジメントは「生きもの」です．時代の変化とともに進化します．製販一体化への取組みは多くの概念や方式が提案されたものの，多くは一定の期間が過ぎれば，その役目が終わりますが，SCMはいまでも大いにそ

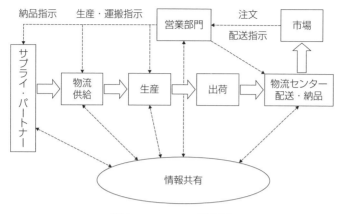

図8-5　SCMの概念図

（出所）各種資料を基に筆者作成.

の価値を発揮し，国内外で大きな成功を収めていますが，時代の変化とともに進化しつづけています．大企業から始まったSCMを見直し，社会環境の変化や技術進歩に合わせて改善を重ねて完成度のより高いSCMの構築が急務となっています．SCMの今後の展望を考えてみましょう．

（1）グローバルSCMの構築

　経済のグローバル化が進み国際間の生産協力体制が加速しています．そのため，一つの国・地域に限定せず，国際的視点から多数のサプライヤーとの協力体制の最適化をはかり，世界最適調達の構築が重要です．SCMのデータや通信の基準などの標準化が必要となります．

（2）地域経済の活性化への活用

　少子高齢化，人手不足が深刻な地方では産業振興，地域経済の活性化が喫緊な課題となっています．大手製造業・流通業から始まったSCMをそれぞれの経営環境に合わせてアレンジし，地方の中堅企業・中小企業，農林水産業への導入が必要です．

（3）SCMにおけるAI・ビッグデータ活用

　AI・ビッグデータの活用の広がりによって，膨大な情報から顧客の多様化するニーズを迅速に正確に分析することができます．需要予測の精度が格段に

高まっています．従来はPOSデータだけに頼ってニーズ分析を行ってきたが，最近では，POSデータに加えて，キャッシュレス化で顧客の購買情報，店舗内のカメラで顧客の購買行動まで分析する傾向があります．

（4）インダストリー4.0への関連付け

インダストリー4.0ではIoTを活用し究極な受注生産を目指しています．工場のオートメーション化およびデータ化で，ニーズに従って生産の自動化と部品調達の自動化を実現します．

（5）SDGsとグリーンSCMの構築

SDGsの下で，SCMに環境目標を加える必要が生じています．企業では環境負荷を軽減するようモーダルシフト検討，静脈物流の構築，共同物流の導入といったと取組みが今後必要となります．

参考文献

石川和幸（2010）『よくわかるこれからのSCM』同文舘出版．
唐澤豊編（2018）『SCMハンドブック』共立出版．
菊池康也（2008）『実践SCMサプライチェーンマネジメントの基礎知識』税務経理協会．
スワミダス，P. M.（2004）『生産管理大辞典』黒田充・門田安弘・森戸晋監訳，朝倉書店．
鈴木邦成（2003）『トコトンやさしいSCMの本』日刊工業新聞社．
藤本隆宏（2001）『生産マネジメント入門』日本経済新聞社．

第9章
チェーンストアの経営と プライベートブランド

はじめに

　いろいろな場所に旅行をすると，みなさんの地元でもよくみかけるお店に出くわすことがあるでしょう．コンビニエンスストアやファストフード店，ファミリーレストランなどはその典型です．これらの店舗はさまざまな場所において，同じ店名や看板，同じ品揃えや店舗内外の作りで営業しています．こうした店舗は，チェーンストアと呼ばれています．

　チェーンストアを展開することで，さまざまな経営上のメリットを追求していこうとする経営形態が，チェーンオペレーションといわれるものです．本章では，チェーンストアの基本的な仕組みや特徴について確認した上で，代表的なチェーンの形態として，レギュラー・チェーン，フランチャイズ・チェーン，ボランタリー・チェーンなどについて説明します．さらにチェーンストア，とりわけ小売業のチェーンストアの経営にかかわりの深い，プライベートブランドとはどのようなものかについてもみていきましょう．

9.1 チェーンストアの基本的理解

　チェーンストアにはさまざまな定義がありますが，狭義には，「単一の企業が類似したタイプの多数の店舗を所有し，それらを統一的に計画，管理していくという小売業における経営形態」（田島・原田，1997: 144-145）を指します．小売業（者）とは，生産者やメーカー，卸売業者から購入した商品を私たちのよ

うな最終顧客に直接販売する業者のことですから，例えばスーパーマーケット
やコンビニエンスストア，ドラッグストアなどを考えるとわかりやすいでしょ
う．

　また，チェーンストアといった場合，冒頭でファストフード店やファミリー
レストランを例にあげたように，飲食業をはじめとするサービス業を含めるこ
とも多いです．実際，例えば欧米の先進国では，「チェーンストアとは11店以
上を直営する小売業あるいはフード・サービス業」（渥美，2008: 9 ）とされてい
ます．

　小売業にせよ，飲食業をはじめとするサービス業にせよ，私たちのような個々
の顧客は小規模な需要しか持たず，地理的にも広く分散して居住しています．
またどのような交通手段を利用するにしても，顧客が店舗への移動に費やせる
距離や時間には一定の制約があります．そのためそれらの企業が成長を達成し
ようと望めば，顧客にあまねく商品を販売できる多数の店舗が必要になるわけ
です．

　ところで，これら小売業や飲食業などの各々の店舗自体は小規模な存在にす
ぎませんが，企業全体として仕入れなどの面で規模の経済性を追求することは
可能です．なお規模の経済性とは，「一つの企業がある事業で大きな事業規模
を確保することにより，事業のコスト効率を高くできるという規模のメリット」
（伊丹・加護野，2007: 133）のことであり，それを実現しうる手段がチェーンスト
アにほかなりません．チェーンストアは，まず仕入れと販売を切り離し，分散
した需要には多数の店舗での販売で対応する一方，仕入れや販売促進はチェー
ン本部で集中して行うことによって，規模の利益まで手に入れようとしていま
す（田島・原田，1997: 145）．

　チェーンの本部と店舗という関係において，まず本部へ集中させるべき主要
な業務は，上述のように商品の仕入れです．販売力が小さい一つの独立した店
舗が卸売業者やメーカーなどから仕入れを行う場合，１品目当たり仕入れ量は
小さいものとならざるを得ないために，仕入れコストはどうしても高くなりが
ちです．しかし，一つの企業が共通の品揃えをする複数の店舗を展開する場合，
それらすべての店舗における販売力を束ねれば，１品目当たりの仕入れ量も大
きなものとなります．そうすると取引における交渉力も大きくなり，仕入れコ

ストの引き下げが期待できるわけです．なお，このように大きな販売力を背景
に，取引において買い手が持つ力をバイイング・パワーと呼びます．私たちが
スーパーマーケットでトマトを1個だけ買うときよりも，箱買いしたときのほ
うが1個当たりの価格は安くなるのと似たような原理です．

さらに，チェーンオペレーションでは，本部はそのコントロールの下，仕入
れのみならず，チェーンストア全体の経営方針や，予算，人事，販売政策など
大部分の計画を策定し，指示を発します．そして各店舗はそれに基づいて販売
などの業務に専念します．

9.2 チェーンストアの特徴

この節では，チェーンストアの特徴についてもう少し具体的にみていきま
しょう．

さて，チェーンオペレーションにおいて，多数の店舗が本部の計画通りに販
売を達成していく上で重要な概念が標準化です．一般に標準化とは，「材料，
部品，機械・設備などに関して合理的な標準・規格を設定し，これを利用して
生産の効率化・合理化を図ること」をいい，多くの場合，標準化は単純化およ
び専門化を前提としています（吉田・大橋，1999: 232）．

チェーンストアでは，まず多数ある店舗の外観や内装を同一形態とし，あわ
せて店内での各業務を標準化・マニュアル化することなどが行われています．
具体的に，チェーンストアの外観については，店舗のカラーやブランドのロゴ
やマークなどが統一され，ポスターやのぼりなどのプロモーション・ツールも
基本的に共通のものが使用されます．店舗内部も同様に，販売される商品の品
揃えはもとより，例えば棚やショーケースといった什器や設備機器など，チェー
ンとしての同一性が基本的に保たれています．このような店舗内外の標準化に
よって，施設整備のための資材の調達や生産において規模の経済性を働かせる
ことで，チェーンストアの出店にともなって必要となるコストを削減すること
が可能になります（折戸，2016: 131-132）．

またチェーンストアでは，どの店舗でも共通の商品やサービスを提供するた
めに，店内での業務を標準化・マニュアル化し，そのマニュアルに従って店舗

を運営するよう本部から指示されます．そのためアルバイトやパートタイムの従業員であっても，個人の技量に依存せずそのチェーンストアとして求められる共通のプロセスで業務に従事し，サービスの内容や品質を一定に保てるように指導が行われます．またサービスが提供可能になるまでの時間を短縮できるように，業務自体をできるだけ単純化するように内容が調整されています（折戸，2016: 131）．

　さらにファストフード店やファミリーレストランといった飲食業のチェーンストアでは，どの店舗でもほぼ共通のメニューが提供され，その味や品質も一定であることが求められます．そこでチェーンストアの多くはセントラルキッチン方式を導入しています．これは各店舗が提供する料理や食材を，セントラルキッチンと呼ばれる施設で集中的に調理してある程度まで完成させておき，個別の店舗ではできる限り簡略化された調理を行うだけで顧客に提供できるようにすることです．そうすることで品質を安定させると同時に，大量の仕入れや製造によって規模の経済性を追求し，コストを削減しています（折戸，2016: 132）．

　このようにみてくるとチェーンストアの仕組みは，本部のコントロールの下，商品の仕入れなど本部に集中させられる業務は可能な限り集中させて規模の経済性を追求するとともに，販売をはじめとする各店舗の業務は，可能な限り標準化して誰もが確実に行えるようにすることによって，コスト低減や安定した商品・サービスの提供を実現することを基本的な特徴としていると考えることができます．

　そしてこれら以外にも，チェーンストアには多店舗を展開することによって，各店舗のさまざまな情報が本部に集約され，蓄積されていくというメリットがあります．情報化の進展にともなって，本部では各店舗での品揃えや地域特性にかかわる情報を，ネットワークシステムを通じて集約することができ，店舗間・地域間の比較を通じて地域需要のより正確な把握が可能になります．例えば，ある地域に立地する店舗である商品が売れているという情報があれば，類似する特徴を持つ他の地域の店舗でも，その商品が売れる可能性があると予測し，品揃えに活かすことができます（上原，2004: 136-137）．また，多数の店舗でマニュアルに基づいてさまざまな業務を遂行するなかで，改善すべき事項がみ

つかれば，それらの情報を本部に集約して，マニュアル自体を随時改善，精緻化していくといった効果も得られるでしょう.

　さらにチェーンストアでは，各店舗で同様の品揃えをするために，商品を定期的に運搬する物流が重要となります. そこでチェーンストアでは，各店舗やエリアごとに効率的に商品を供給できるように独自の物流網を整備し，それを管理しています（折戸，2016: 132）. そこで重要な役割を果たすのが，物流の拠点となる流通センターです. 流通センターは，個々の商品の仕入れ先からの大量型輸送（単品大量輸送）と，そこから各店舗の品揃えに合わせた混載型輸送（個別品揃え配送）とを効率的に結び付けています（上原，2004: 138-139）.

　そして効率的な物流のためには，何がどの程度売れ，何をどの程度発注する必要があるのか，また何がどのくらい在庫として残っており，何がいつまでに店舗に到着していなくてはいけないのかといった情報を管理する情報システムが必要になります. 現在では，POSシステムなどを利用して，チェーンストア全体の在庫や売上，発注，流通状況を把握するための独自の情報システムを構築し，各店舗でのオペレーションに支障がないように，物流を管理しています（折戸，2016: 132-133）.

　さて，以上に述べてきたことは，それを運営する企業の側からみたチェーンストアの仕組みと特徴になりますが，反対に商品やサービスを購入する顧客の側からチェーンストアをみた場合，全国，さらにはグローバルに展開する企業にあっては海外も含め，どこに行っても見慣れた名前と店構えのお店で，なじみの商品やサービスをほぼ同じ価格帯，接客で購入することができるという安心感につながる面もあるでしょう.

　また，チェーンストアは必ずしも低価格であることを意味するものではありませんが，前述のように独立した単一の店舗に比べて低コスト化を実現しやすいため，それが販売される商品やサービスの価格設定に反映されたり，あるいは後述するプライベートブランドが展開されることによって，結果として私たち顧客がより低価格な商品やサービスを享受できる場合もあります.

9.3 チェーンストアの種類

　ところで前節では，チェーンストアを単一の企業が多数の店舗を直営で展開する形態に限定してとらえてきました．これは，レギュラー・チェーンと呼ばれる狭義のチェーンストアのとらえ方で，ある一つの企業が類似したタイプの多数の店舗を所有して，統一的に運営する仕組みを指します．企業型チェーンと呼ばれることもあります．

　しかし，私たちがチェーンストアという言葉を用いる場合，そうした単一の企業が展開する形態のみならず，本部と店舗が別々の経営主体である形態のものも含むことが多いのではないでしょうか．そもそも，私たちが店舗を一見しただけではそれらの区別すらも難しいかもしれません．そのようないわば社会通念に照らし合わせると，後述するように本部と店舗が別の経営主体で，契約や規約によって結びついたフランチャイズ・チェーンやボランタリー・チェーンと呼ばれる形態も含めて，広義にチェーンストアをとらえたほうが実態には即しています．

　まずフランチャイズ・チェーンですが，これはセブン-イレブンなどのコンビニエンスストア，ドトールコーヒーなどのコーヒーショップやモスバーガーなどのファストフードなどにおいて典型的にみられます．フランチャイズ（franchise）という英単語には，「（個人や小規模な会社に）営業販売権を与える」という意味があり，このビジネスはアメリカで開発され，日本では1970年代に急速に成長しました（田島，1983: 31）．

　フランチャイズについて，日本フランチャイズチェーン協会は次のように定義しています．

　「事業者（「フランチャイザー」と呼ぶ）が，他の事業者（「フランチャイジー」と呼ぶ）との間に契約を結び，自己の商標，サービス・マーク，トレード・ネームその他の営業の象徴となる標識，および経営のノウハウを用いて，同一のイメージのもとに商品の販売その他の事業を行う権利を与え，一方，フランチャイジーはその見返りとして一定の対価を支払い，事業に必要な資金を投下してフランチャイザーの指導および援助のもとに事業を行う両者の継続的関係をいう」（日

本フランチャイズチェーン協会ウェブサイト）.

　ここでフランチャイザーにあたるのは，例えばセブン–イレブン・ジャパンなどの本部であり，一方でフランチャイジーは個々の加盟店ということになります．本部は加盟店に対して，そのチェーンの一員であることを示す店舗の名前やマークなどを使わせるとともに，自社の開発した商品やサービスを提供したり，店舗運営に関するノウハウを提供して経営を継続的に指導・援助します．そして，その対価としてロイヤルティと呼ばれる権利の使用料を徴収するというシステムです．

　フランチャイズ・チェーンは，単一の企業が直営で店舗を新設していくのに比べて投資額がかからず，外部の資本や労力を活用してスピーディなチェーンの規模拡大や市場シェアの拡大が見込めます．一方で加盟店側にとっては，小資本でなおかつその事業の経験に乏しくても，本部の指導やノウハウを活用することによって収益をあげることができます．双方に一定のメリットがあるシステムといえます．そのため今日ではフランチャイズ・チェーンのシステムが広く普及しており，日本ではその店舗数の合計は約23万店，売上高は約20兆円にのぼります（日本フランチャイズチェーン協会ウェブサイト）.

　次にボランタリー・チェーンとは，日本ボランタリーチェーン協会の定義によれば，「同じ目的を持つ独立事業者が主体的に参画・結合し，チェーンオペレーションの仕組みを構築・活用して，地域生活者のニーズに対応した商品・サービスを提供する組織」（日本ボランタリーチェーン協会ウェブサイト）とされます．

　そもそもボランタリー（voluntary）とは自発的，自由意志であることを意味する英単語ですから，各々の独立業者は比較的緩やかな結びつきを保ちつつ，チェーンに加盟して共同で仕入れを行うことで，レギュラー・チェーンに近い条件でメーカーと取引をすることが可能になります．

　前述のフランチャイズ・チェーンが，本部と加盟店の間の契約（「タテ」の相対関係）が複数集合した組織としてとらえられるのに対し，ボランタリー・チェーンは加盟店が「ヨコ」の関係の輪を形成するように組織化されています．こうした組織のあり方の違いから，両者の間の中央統制の程度に大きな差を見出すことができます（東，2014: 43）.例えば，同じボランタリー・チェーンに所属していても，店舗ごとに店名や外観などが違っていたり，販売方法なども異なっ

ていることがありますが，それは各々の加盟業者が地域に密着した商品やサービスを提供することを重視しているためです．

　ボランタリー・チェーンの典型的なものは，小売主宰ボランタリー・チェーンと呼ばれるもので，多数の独立した小売業者同士が自発的に共同してチェーンの本部を設置する形態です．例えばCGCグループというスーパーマーケットのチェーンはこれにあたります．CGCグループは，全国各地の中堅・中小規模のスーパーマーケットが結集して，本部となるシジシージャパンを設立し，食品や日用雑貨などの商品を共同開発したり，商品の調達や物流，情報システム，販売促進などで協力しています．

　また，ボランタリー・チェーンには小売業者が本部を設置するパターンだけでなく，特定の卸売業者が資本的に独立した多数の小売業者をグループ化してチェーンを組織するタイプもあります．これを卸主宰ボランタリー・チェーンといいます．例えば，首都圏，中部，西日本エリアに約520店舗（2018年12月末現在）を展開するコンビニエンスストアのコミュニティ・ストアは，卸売業者である国分グループ本社を母体企業とする，国分グローサーズチェーンが，全国の独立した小売店を組織化したものです．

　フランチャイズ・チェーンとボランタリー・チェーンは，企業型チェーンに対して契約型チェーンと呼ばれます．契約型チェーンも程度の差はあるにせよ，仕入れや商品開発など本部に集中化させられる業務は集中化させて規模の経済性を追求し，また標準化できる業務は標準化させるというチェーンストアの原則にのっとって，コスト削減や商品・サービス提供の安定化を実現しようとしています．

　このように分類できるチェーンストアですが，どのようなチェーンの形態を採用するかは，その企業の提供する商品やサービスの種類，市場の特性，地理的条件などの要素を考慮して，選択されているでしょう（折戸, 2016: 137）．また，レギュラー・チェーンとフランチャイズ・チェーンなど，異なる形態を併用したチェーン展開を行っているところも多いです．

　なお業種や業態によって選択するチェーンの形態に一定の傾向はみられるようで，例えばレギュラー・チェーンは，スーパーマーケットや総合スーパーなど大規模な売り場面積を持つ小売業や，ファミリーレストランなどにおいてし

ばしば採用されています．ちなみに，百貨店は仕入れや人事などに関する部分
的な経営権を有するため，チェーンストアとは呼びません（林，2010: 35）．一方
でフランチャイズ・チェーンはコンビニエンスストアをはじめ，ハンバーガー
ショップなどのファストフード，コーヒーショップ，さらには学習塾やホテル
など幅広い分野で採用されています（日本フランチャイズチェーン協会ウェブサイト
を参照）．またボランタリー・チェーンは主に小売業で，地域密着型の食品スー
パー（ミニスーパー），眼鏡店，文房具店，寝具店など多岐にわたります（日本フ
ランチャイズチェーン協会ウェブサイト，日本ボランタリーチェーン協会ウェブサイトを参
照）．

　また同じ業種や業態に属する企業であっても，その企業の経営方針によって，
選択するチェーンの形態が異なることもあり得ます．例えばコーヒーショップ
では，ドトールコーヒーショップがほとんどの店舗をフランチャイズ・チェー
ンで運営しているのに対し（2019年7月末現在，フランチャイズ・チェーン915店，レギュ
ラー・チェーン190店），スターバックスコーヒーは，駅ビルやレジャー施設など
の特殊商圏を除いて全店レギュラー・チェーンで運営しています．レギュラー・
チェーンは，店舗を出店するごとに内装や設備に大きな投資が必要になる一方
で，本部による各々の店舗運営へのコントロール，例えば店内でのサービスや
従業員教育などはフランチャイズ・チェーンよりもきめ細かく行うことができ
ます．これによってチェーン全体のブランド価値を高めることができます．

　なお，レギュラー・チェーン，フランチャイズ・チェーン，ボランタリー・
チェーンという分類とは別に，チェーンストアを出店エリアで区分する場合も
あります．具体的には，ほぼ全国に展開しているものをナショナル・チェーン，
複数の自治体にまたがって展開しているものをリージョナル・チェーン，単一
の自治体内で展開しているものをローカル・チェーンと呼ぶことがあります
（林，2010: 36）．みなさんの身近に存在するスーパーマーケットなどの出店エリ
アを比較してみると，こうした違いが理解できるでしょう．

9.4　小売業のチェーンストアによるプライベートブランドの展開

ところでチェーンストア，とりわけ小売業のチェーンストアの経営において，

重要な位置を占めているものがプライベートブランドです．なかでもナショナル・チェーンには，多店舗化によって実現しえた大量販売力によって，仕入れにおける交渉力を高めただけでなく，自ら商品を企画してプライベートブランドを展開している企業が数多くあります．

　プライベートブランド（Private Brand: PB）とは，小売業者や卸売業者といった流通業者が，自社の仕様でメーカーに発注して作らせた商品です．これに対して，全国的に知名度のある大手メーカーが自社の商品にブランドを付与したものをナショナルブランド（National Brand: NB）と呼びます．プライベートブランドは総合スーパーやスーパーマーケット，コンビニエンスストアなどの店頭で目にする機会も多いので，購入した経験がある人もいるでしょう．イオンの「トップバリュ」はその典型例です．

　プライベートブランドは，このように主に大手の小売業者が大規模な販売力を背景にメーカーに生産を委託しており，卸売業者などの中間流通を省いたり，大規模な広告宣伝をしないため，一般にナショナルブランドより低価格であることが多いです．それによって，合理的な買い物を志向する顧客層を取り込むことができます．もっとも近年では，一口にプライベートブランドといってもさまざまなタイプがあり，例えばセブン–イレブンの「セブンプレミアム　ゴールド」のように，価格訴求ではなく品質重視で，同等のナショナルブランドよりも相対的に高価格のものも存在しています．

　ところでプライベートブランドは，それを企画・販売するチェーンストアと，それを請け負って製造するメーカーの経営の上でどのような意味を持っているのでしょうか．

　まずチェーンストアにとっては，プライベートブランドの導入が，自社の品揃えの差別化を実現し顧客獲得の手段になりうること，またさまざまなコストの削減によって利益確保の源泉になるということがあげられます（遠藤，2012: 148–149および崔，2014: 89–94を参照）．

　第1に，品揃えの差別化による顧客獲得という点ですが，あるチェーンストアがナショナルブランドだけで品揃えをしている場合，同じくナショナルブランドで同様の品揃えをするほかのチェーンストアと直接競合することになり，顧客を獲得できるかどうかは主に価格が重要な要素となるでしょう．

　反対に，ほかのチェーンストアでは販売されていない独自の魅力的な商品，つまりプライベートブランドを提供できれば，それを目当てにした顧客の来店が期待できます．そして一度使ってその品質と価格に満足した顧客は，継続的に購入してくれるでしょう．要するにプライベートブランドの存在が，そのチェーンストアの品揃えの差別化を実現し，顧客の獲得や維持につながるわけです．

　第2に，さまざまなコストの削減によって利益確保の源泉になるという点ですが，一般的に小売業者がナショナルブランドに期待できる単位当たりの粗利益率は，プライベートブランドに比べて相対的に低いといわれています（崔，2014: 91，遠藤，2012: 149-150を参照）．プライベートブランドは，ナショナルブランドに比べると小売価格こそ低いことが多いものの，それ以上に仕入れコストも低いためです．

　これはプライベートブランドが，ナショナルブランドと比べて市場調査や広告，包装といったコストを抑えていることによります．プライベートブランドは，先行して発売されているナショナルブランドを模倣して開発されることが多いため，顧客ニーズを探索するための市場調査や，商品特性を顧客に伝えるための広告にかかるコストを節約できます（遠藤，2012: 149）．またナショナルブランドの場合，メーカーは自社商品を少しでも条件のよい店内の売り場や棚に陳列してもらえるように，チェーンストアに対してさまざまな営業活動などを行っていますが，プライベートブランドの場合，チェーンストアにとってそれらは自社の裁量事項にすぎませんので，そうしたコストを抑えることもできます．さらにプライベートブランドは，前述のようにチェーンストアがメーカーに直接生産を委託し，卸売業者などの中間流通を省いているため，その面でもコスト的な優位性があるのです．

　他方，プライベートブランドの製造を請け負うメーカーにとっては，自社の余剰生産設備を有効活用するという目的があります．メーカーには変動する需要量に対応して，工場に余剰生産能力が生じることがあります．余剰生産能力は設備の有効活用という点からいえば望ましいものではなく，メーカーはプライベートブランドの生産を受託することで，工場の稼働率を上げようとします（遠藤，2012: 149，崔，2014: 100）．これによって，メーカーもまた生産における規

模の経済性を一層追求しやすくなりますし，設備投資も回収しやすくなります．

　またメーカーは，チェーンストアからのプライベートブランド供給の要請に応える代わりに，自社のナショナルブランドをそのチェーンストアの店頭において条件のよい棚に陳列してもらうなど，取引条件が向上することが期待できますし，さらにメーカーにとってプライベートブランドは基本的に受注生産となるために，その商品が実際に顧客に売れるかどうかという販売リスクを負う必要がないことも，プライベートブランドを手掛ける理由となっています（崔，2014: 100–101）．

　ただし，メーカーにとってプライベートブランドの製造を手掛けることは，上述のような経営上のメリットを得られるものの，その供給先のチェーンストアの小売店頭で自社のナショナルブランドと直接競合して，売り上げを減らす危険性は常につきまとうため，"痛し痒し"という面があることは否定できません．

ま　と　め

　コンビニエンスストアやスーパーマーケット，ファストフード店などでは，多数の店舗を展開し，同じ店名や看板を掲げて共通の商品やサービスを提供するチェーンストアの形態がとられる場合が多くみられます．チェーンストアの仕組みは，本部のコントロールの下，商品の仕入れなど本部に集中させられる業務は可能な限り集中させて規模の経済性を追求し，また販売などの各店舗の業務は可能な限り標準化して誰もが確実に行えるようにすることによって，コスト低減や安定した商品・サービスの提供を実現することを基本的な特徴としています．

　チェーンストアにはレギュラー・チェーン，フランチャイズ・チェーン，ボランタリー・チェーンなどの種類があり，それぞれのチェーンには特徴があります．それらは，その企業の提供する商品やサービスの種類，市場の特性，地理的条件などの要素を考慮して，選択されているでしょう．

　またチェーンストア，とりわけ小売業のチェーンストアの経営において重要な位置を占めているものがプライベートブランドです．プライベートブランド

とは，小売業者や卸売業者といった流通業者が，自社の仕様でメーカーに発注して作らせた商品です．プライベートブランドはそれを企画・販売する小売業者などにとっては，品揃えの差別化による顧客獲得や，さまざまなコストの削減によって利益確保の源泉になるといったメリットがあり，他方それを生産するメーカーにとっては，余剰生産設備の有効活用や小売業者との取引条件の向上，販売リスクの回避といった経営上のメリットがあることから，盛んに開発されています．

参考文献

東伸一（2014）「第2章　商品を買う場を提供する――小売業の役割――」崔容熏・原頼利・東伸一『はじめての流通』有斐閣，29-49頁．

渥美俊一（2008）『21世紀のチェーンストア――チェーンストア経営の目的と現状――』実務教育出版．

伊丹敬之・加護野忠男（2007）『ゼミナール経営学入門』日本経済新聞出版社．

上原征彦（2004）『手にとるように流通のことがわかる本』かんき出版．

遠藤明子（2012）「第9章　小売業の商品開発」清水信年・坂田隆文編『1からのリテール・マネジメント』碩学舎，139-154頁．

折戸洋子（2016）「第9章　チェーンオペレーションによる競争優位」崔英靖・大西正志・折戸洋子編『ここから始める経営入門』晃洋書房，129-138頁．

田島義博編（1983）『フランチャイズチェーンの知識』日本経済新聞社．

田島義博・原田英生（1997）『ゼミナール流通入門』日本経済新聞社．

崔容熏（2014）「第4章　プライベート・ブランドの意味を考える――PBの展開――」崔容熏・原頼利・東伸一『はじめての流通』有斐閣，84-103頁．

林薫（2010）『チェーンストアの常識』商業界．

吉田和夫・大橋昭一編（1999）『基本経営学用語辞典』同文舘．

シジシージャパンウェブサイト<http://www.cgcjapan.co.jp/>，2019年11月3日．

スターバックスコーヒージャパンウェブサイト<https://www.starbucks.co.jp/>，2019年11月3日．

日本フランチャイズチェーン協会<https://www.jfa-fc.or.jp/>，2019年11月3日．

日本ボランタリーチェーン協会ウェブサイト<https://www.vca.or.jp/>，2019年11月3日．

補論　消費者行動論

　消費者は日々，さまざまな購買・消費活動を行っています．試しに，皆さんの一日の行動を振り返ってみて下さい．朝起きてスマートフォンをチェックし，朝ごはんを食べ，大学に行きます．帰宅後はテレビやインターネットを見たり，友人とのSNSのやり取りを楽しんだりしたかもしれません．この一連の活動の中で，皆さんはさまざまな商品・サービスを購入したはずです．コンビニで朝ごはん代わりのサンドイッチや飲み物を買い，大学生協でランチを食べ，空き時間にオンラインサイトで買い物をし，休日にはショッピングモールで映画を観たりしたでしょう．では，皆さんはどのように商品やサービスを選んでいるのでしょうか．ある商品を買おうと決めたきっかけやプロセスはどのようなものなのでしょうか．

　消費者行動論とは消費者をさまざまな角度から分析する研究分野で，その結果をビジネスやマーケティングに応用することを目的とします．アメリカ・マーケティング協会（AMA）は，消費者行動を「人間の生活の交換（＝価値あるものの受け渡し）局面における，感情と認識，行動，および環境の動的な相互作用」と定義しており，消費者の購買行動に影響を与えるものとして個人，社会，環境などの多様な属性に着目しています．

　この補論では，消費者に実際の購買行動を起こさせる動機づけ（Motivation）の側面に焦点を当て，代表的な三つのトピックを取り上げます．

購買動機のホンネを探る──モチベーション・リサーチ──

　アンケートやインタビューを行えば，回答者はある商品を買った理由，買わなかった理由を教えてくれるでしょう．しかし，それは本当の理由ではないかもしれません．ここでは，消費者の隠された"ホンネ"を明らかにするモチベーション・リサーチの一例（投影法）を紹介します．

　1938年に登場したネスレ社のインスタントコーヒー「ネスカフェ」は今でも

主婦Aさんの買い物	主婦Bさんの買い物
• ひき肉	• ひき肉
• ワンダー社のパン	• ワンダー社のパン
• にんじん	• にんじん
• ラムフォード社のベーキングパウダー	• ラムフォード社のベーキングパウダー
• <u>ネスレ社のネスカフェ・インスタントコーヒー</u>	• <u>マクスウェル社のレギュラーコーヒー</u>
• デルモンテ社の桃缶詰	• デルモンテ社の桃缶詰
• じゃがいも	• じゃがいも

図9A-1　主婦Aさんと主婦Bさんの買い物リスト

（出所）Haire（1950: 651）をもとに筆者作成.

世界中で親しまれていますが，販売開始当初はなかなか売上が伸びず苦戦していました．アンケートを取ると，ネスカフェを買わない理由として多くの消費者が「味の悪さ」を挙げました．ところが，ネスレ社はそれが真の理由ではないと考えました．レギュラーコーヒーとの比較テストで明らかな味の差は認められなかったからです．そこで次のような実験を行いました．まず，アメリカのボストン市に住む主婦60人を集め，実験の真の目的は伏せたまま架空の主婦Aさん，Bさんのある日の買い物リストを見てもらいました．その上で，Aさん，Bさんがどんな主婦なのか，そのイメージを聞きました（図9A-1参照）．

　二人の買い物リストの違いはたった一つ，Aさんはネスカフェを，Bさんはレギュラーコーヒーを買っている点です．しかし，調査に協力した主婦たちの反応はまったく異なりました．Bさんには「やりくり上手」，「家庭的」，「かしこい」といった肯定的なイメージを持ったのに対し，Aさんのイメージは「無駄遣いをしている」，「やりくりが下手」，「手抜きをしていそう」といった否定的なものだったのです．この実験結果から，ネスカフェには手抜きのイメージがあり，主婦たちはそれを使うことで家族や周囲から「怠け者の主婦」だと見られたくないと思っていることが明らかになりました．これを受けてネスレ社は広告やCMをリニューアルし，ネスカフェは朝の忙しい時間に家族が一緒にコーヒーを楽しむための商品で，決して手抜きではないと強調しました．すると，売上は見事に回復していったのです．最近でもロボット掃除機のCMで互いに忙しい家族が賢く時間を節約しているシーンが登場したり，食洗機のCMで節水効果が強調されたりしていますが，これらも「手抜き」のための商品と

見られないための工夫とみるべきでしょう.

購入後も情報収集してしまう心理——認知的不協和の理論——

　ある商品を買った後,「自分の買った商品を高く評価したレビューはないか」と買う前以上にアマゾンや価格.comなどで探し, 高評価の書き込みを見つけて「やっぱり自分はいい買い物をしたんだ」と安心したり, 低評価のレビューばかりでがっかりしたりした経験はありませんか？　人間は自分の行動や信念, 認識と矛盾する情報を突きつけられたとき, 素直にそれを受け入れられず, 不協和（もやもや感のようなもの）を感じる傾向にあります. これを認知的不協和と言います（**図9A-2**参照）.

　ある実験では, 被験者は購入前よりも購入後のほうが選んだ商品を高く評価しようとする傾向が見られました. これは「自分が選ばなかった商品のほうが優れている」という不協和が発生しないよう, 認知を調整した結果であると理解できます. また, 消費者は商品の購入後も自分の選択が正しかったと思わせてくれる情報を欲しがります. 学習塾の広告に合格した受講生の体験談を掲載

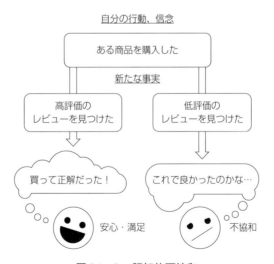

図9A-2　認知的不協和

(出所) 筆者作成.

するものが多いのは，単純に入塾を促すプロモーションだけではなく，この塾を選んで良かったと安心感を与える効果を狙っていると言えるでしょう．

みんなが買っているものを欲しくなる──社会的証明の理論──

　街でケーキ屋などのお店にできた行列を見て，一度試しに買ってみよう，とつられて並んでしまった経験はありませんか？　これは「みんなが並んでいるお店ならきっとおいしいだろう」とか，「みんなと同じなら安心だ」といった意識が働くためです．この，多くの人がとる行動を安全で確実だとみなす現象を「社会的証明」と言います．松山市内では多くの高校生や中学生がブリヂストンサイクル社製の自転車「ロココ」に乗っており，その販売台数の実に半分を愛媛県が占めています．また，神戸市内の女子高校生の間では子ども服メーカー「ファミリア」のデニムバッグを持つのが定番です．いずれも，「先輩や友人が買っているから」というのが同じ商品を買う理由のようです．このように，社会的証明は消費者の購買意欲を促す大きな影響力を持っています．

参考文献

Haire, M.（1950）Projective techniques in marketing research. *Journal of Marketing, 14*（5）, 649–656.

Solomon, M.R.（2013）*Consumer Behavior: Buying, Having, and Being, 10th Edition*, Pearson（ソロモン，M. R.『ソロモン消費者行動論』松井剛監訳，大竹光寿・北村真琴・鈴木智子・西川英彦・朴宰佑・水越康介訳，丸善出版，2015年）.

American Marketing Association（2015）Dictionary <https://www.ama.org/resources/Pages/Dictionary.aspx>, 2019年8月15日.

第10章
コンビニエンスストアの仕組みと経営

はじめに

コンビニエンスストアは，私たちの日常生活の中で最も身近な小売店と言ってよい存在になっているのではないでしょうか．1970年代にコンビニエンスストアが日本で最初に登場してから，すでに多数の店舗が日本全国で運営され，その多くはフランチャイズ・チェーンの形態をとりながら，消費者の生活をより便利にしてきました．

コンビニエンスストアには，スーパーや百貨店などの他の小売店と異なる特徴があり，その特徴を生かすためにさまざまな工夫が実施されています．本章では，コンビニエンスストアの特徴を確認した上で，コンビニエンスストアの運営を支える配送方法やドミナント戦略と呼ばれる出店戦略，プライベートブランド商品の開発，そして，POS（Points of Sales）システムによる情報管理と顧客情報の管理について説明します．

10.1 コンビニエンスストアとは？

コンビニエンスストアの定義にはさまざまな見解があり，その中でも経済産業省の定義によれば，セルフ方式（売場面積の50％以上についてセルフサービス方式を採用している事業所）での販売を行い，飲食料品を扱っていること，営業時間が1日14時間以上であり，売場面積が30〜250㎡である店舗を指すものとされています（経済産業省）．また，コンビニエンスストアには，主に①「時間の利

便性」，②「品揃えの利便性」，③「距離の利便性」という三つの利便性がある
といわれています（木下，2011: 13）．①「時間の利便性」については，24時間営
業の店舗もあるように，早朝から深夜まで長時間営業を行うコンビニエンスス
トアは，スーパーや百貨店などの他の小売店が閉まっている時間帯でも利用す
ることができるという利便性があります．②「品揃えの利便性」については，
さきほど紹介したコンビニエアストアの定義にあった飲食料品以外にも，洗剤
や雑誌のような購入のために特別な労力をあまりかけずに頻繁に利用される
「最寄品」を中心に，一定の品揃えが確保されているという利便性を意味します．
③「距離の利便性」に関しては，コンビニエンスストアは，他の小売店に比較
して店舗面積が小さいため，バス停や駅などの公共交通機関のプラットフォー
ムやターミナルの近隣で開店されていることがよくみられ，店舗が小規模であ
るゆえに住宅街でも出店されています．このような特徴から，住宅や学校，職
場あるいは通勤通学路の近隣にコンビニエンスストアがあることで利便性を感
じている人も多いでしょう．

　そして，このような「距離の利便性」（③）が発揮される範囲が，コンビニ
エンスストアの商圏となり，徒歩5分以内，距離にすると500m以内であると
されています．他の小売店の商圏は，小型スーパーは1km，総合スーパーは
10km，ドラッグストアは3kmといわれており，これらと比較するとコンビニ
エンスストアの商圏が狭いことがわかります（市原，1995: 7-11）．そして，こ
の比較的狭い商圏をもつコンビニエンスストアがその店舗の経営を維持してい
くためには，2000～3000人の商圏人口が必要であるとされています（木下，
2011: 117）．加えて，コンビニエンスストアをよく利用する人がよく思い当たる
ように，コンビニエンスストアは，他の業態の店舗よりも客単価は相対的に低
く，その分来店頻度が高くなる傾向があります．このように，コンビニエンス
ストアの特徴をまとめると，「商圏が狭い」「客数が少ない」「来店頻度が高い」
ことにあるといえるでしょう．

　他方，コンビニエンスストアは，他の業態の小売店と比べて比較的店舗面積
が狭いため，小さい店舗の中でも一定の品揃えの豊富さを維持しなくてはいけ
ません．どのくらいの種類の商品をコンビニエンスストアで取り扱っているか
というと，平均30坪（約100㎡）の売場で約2800～3500アイテムの商品が販売さ

れているとされています (笠井, 2007: 96). つまり, コンビニエンスストアでは小さい店内に多くの種類の商品を密集して陳列し, それによってある程度の品揃えの豊富さを確保しており, そのためには厳密な在庫管理が不可欠です. コンビニエンスストアの各店舗がもつ在庫の量を正確に把握し, それを随時適切に管理することで, 限られた倉庫のスペースを有効活用することが求められるのです. このことを考慮すれば, もしもコンビニエンスストアが, ほとんど売れない商品を在庫として大量に保管することになってしまうと, 倉庫のスペースが足りなくなることが容易に想像されます. さらに, 多くのコンビニエンスストアで取り扱う食料品や飲食物には賞味期限が短い商品もあり, 賞味期限を過ぎれば販売することはできません. このような商品を販売できるタイミングを見計らいながら在庫を確保し, 売れ筋商品の在庫がなくなることによって発生する機会ロスも最小化する必要があります. 言い換えれば, 売れない商品の在庫や商品の廃棄ロスを可能な限り減らし, 販売できる機会を逃さないことが, 店舗面積の小さいコンビニエンスストアの経営において重要になるのです.

　そのために, コンビニエンスストアでは, 店舗への商品の配送方法における工夫として, 頻繁に, かつ少ない単位で店舗に商品を配送してもらう, 多頻度での小分け配送を行っています. 具体的には, 商品の配送・納品される分量の単位 (発注ロット) を可能な限り小さくすることで大量の在庫を保管せず, 頻繁に配送してもらうことによって, 売れる商品ができるだけ早くに店舗に運ばれるようにしているのです.

10.2　コンビニエンスストア運営のための配送方法

　コンビニエンスストアが行う多頻度の小分け配送は, コンビニエンスストアの効率的な運営において不可欠なものです. しかしながら, コンビニエンスストアが登場する以前の主な配送方法は, 「ピストン輸送 (個別配送)」とよばれ, 商品を提供する問屋 (あるいは共同配送センター) や商品を製造する工場と, それを販売する小売店の店舗との間を配送車が一往復して商品を配送する方法をとっていました. この方法では, 配送する側 (工場や問屋) にとって, 一回の配送量が配送車の最大積載量に近づくほど効率的な配送を行うことができるた

め，配送側にとっては一店舗あたりの配送量を最大化するほうがより合理的となります．それゆえに，配送側から店舗側に一回の発注単位を大きくすることが要求され，店舗側の必要に応じて何度も少量ずつ商品を発注することは難しくなるため，配送間隔が長期化する傾向が生じます．しかし，配送間隔が長くなれば，商品の機会ロスが発生するリスクも高くなるため，それを防ぐために一定の量の商品在庫を保管することになります．したがって，この個別配送は，店舗も倉庫も狭いゆえにタイムリーな発注と納品を必要とするコンビニエンスストアにとってあまり都合が良いものではありませんでした．

　そこで，コンビニエンスストアが日本に登場した際には，狭い地域に多数の店舗を運営し，配送側にも合理的な「ルート配送（ダイヤグラム配送）」という配送方法を採用することで配送における問題を解決していきます．この「ルート配送（ダイヤグラム配送）」とは，トラックなどの配送車が一定のルートに従って複数の店舗を回って配送する方法です．この場合，ルートを回って複数の店舗に配送を行えばよいため，一店舗ごとの配送量が少なくても，配送側の全体としての積載量が最大化されていれば，配送側の工場や問屋側にとっての配送における効率性を維持することができます．つまり，複数店舗を含めた合計配送量を最大積載量に近づけることができれば，一店舗あたりの発注単位や発注量は小さくしながら，配送間隔を短くすることが可能となるのです．このルート配送は，巡回する店舗間の距離がより短くなるほど，より効率的になります．そのために，同じチェーンのコンビニエンスストアであっても，別の店舗が隣接地で営業していれば，それらの商品配送はより短い距離と時間で行うことができます．このような背景から，特定の地域に複数の店舗を集中させて出店させるという「ドミナント戦略（集中出店戦略）」が，多くのコンビニエンスストア・チェーンにおいて実施されています．一見すると，狭い地域内に複数の同じチェーンのコンビニエンスストアが営業しており，不思議に思うかもしれませんが，これによって配送や店舗指導などでの効率性を確保しようとしているのです．

　加えて，現在のコンビニエンスストアの多くでは，検品や納品業務の簡略化や配送コストの削減のために「共同配送」という配送方法が採用されています．この共同配送とは，複数の製造業者や卸売業者の製品をまとめて配送する方法

で，ここでは「配送先と配送温度を基礎に取引先の集約」(小川，2009：185) が行われています．例えば，低温管理が求められる商品を供給する複数の製造業者の製品をまとめて，冷凍設備をもつ一つのトラックで配送すれば，配送時も低温で商品を運ぶことができ，配送にかかるコストも製造業者ごとに個別配送を行うよりも減少し，検品作業をより効率化することが可能です．この場合も，前述の「ルート配送」と同様に，複数の店舗の発注量の合計が最大積載量に近づけば，配送側にとっても都合が良いことになります．

コンビニエンスストア・チェーンにとってこの共同配送の発送元となる「共同配送センター」の配送対象となる店舗数が十分でなければ，多額の設備投資額や維持費が必要となる共同配送センターを運営する合理性が低くなるため，前述したドミナント戦略をとって多数の店舗を運営することは共同配送センターを設置する上でも必要です．この共同配送センターの設置場所は対象となる店舗数，所在地，商品の製造業者から各店舗までの所要時間などの複数の要素を考慮して決定されています．共同配送センターが設置されていなければ，実質的にコンビニエンスストアの運営は困難となるため，共同配送センターを設置できるかどうかがその出店の可否を左右します．このような状況から，特にフランチャイズ・チェーンによって運営されるコンビニエンスストアは，特定の狭い地理的範囲の中に多数のコンビニエンスストアを運営することが多く，それによって経済性の向上や売上の拡大を目指すコンビニエンスストア・チェーンの本部側と，狭い商圏の中での熾烈な競争に曝されながら，店舗ごとの売上の増大を目指そうとする加盟店側という両者の利益構造における違いから利害対立が引き起こされることもあります．

10.3　コンビニエンスストアの強みとプライベートブランド商品

コンビニエンスストアに行くと，そのコンビニエンスストア独自の商品，つまりプライベートブランド (Private Brand) 商品（以下，PB商品）も多数目につくことでしょう．もちろんそれ以外にも，特定の製造業者のブランドが付いたナショナルブランド (National Brand) 商品もあり，価格を見るとPB商品のほうが安い場合が多いことに気づくこともあるかもしれません．このようなPB商

品はどのように開発され，低価格を維持できるのでしょうか．

　10.1で述べたように，コンビニエンスストアでは，食料品や日用雑貨，雑誌といったすぐに近所で購入する傾向のある最寄品を中心とした品揃えが意識されています．このような最寄品はもちろんスーパーやドラッグストアでも購入することができ，場合によっては割引価格で購入することができます．しかし，コンビニエンスストアでは，それらの小売店と異なり，基本的に商品を割引せず，定価で販売しています．スーパーやドラッグストアでは割引された価格で商品を購入することができる場合があることが一つの消費者にとっての魅力であるのに対して，コンビニエンスストアは営業時間の長さや距離によって差別化を図り，消費者がすぐに購入できるという利便性を提供しているのです．

　一方で，コンビニエンスストア同士の競争となると，時間の利便性ではほとんど変わらないことが多いため，何らかの商品を購入したい時の自分のいる場所から近い距離のコンビニエンスストアが選ばれることが多いかもしれません．特に，急いで何かを購入したい場合には，どのチェーンのコンビニエンスストアであってもかまわないので，より距離の近い店舗が選ばれるでしょう．しかし，コンビニエンスストアの店舗にとっては，できるだけ他の店舗よりも自店舗に足を運んでもらい，多少距離が遠かったとしても来店してもらえるような魅力的な店舗となることで，売り上げを増加させたいと考えるのは当然のことです．

　では，そのためにはどうしたらいいでしょうか．一つには，各店舗での従業員の接客態度や顧客とのコミュニケーションを円滑にすることによって，個別の店舗ならでは価値を発揮していくことが考えられます．とはいえ，チェーンストアとして展開しているコンビニエンスストアは，チェーンとしての共通化された，統一性のあるサービス内容や製品を提供することに特徴があり，基本的なサービスや商品展開はチェーン全体として管理されます．そのために，個別の店舗としての魅力を高めるためのアプローチよりも，チェーン全体の魅力を向上させ，他のチェーンと比較してより選ばれるようなチェーン全体としての取組みが，店舗の集客力や店舗の売上の増加により大きな影響を与える場合が多いのです．

　そこで，チェーン全体での独自の魅力や集客力を高めるための一つのアプ

ローチとして，独自商品の開発と販売が行われています．コンビニエンススト
アは小売店であるにも関わらず，そこで販売する商品を製造業者から仕入れる
だけでなく，コンビニエンスストアでも独自に提供する商品を開発しているの
です．その例の一つが，店頭調理のファストフードであり，チェーンとして開
発を行っているための，その品質や特徴はチェーンごとに異なるでしょう．そ
して，ファストフードに限らず，日用品や食品についてもPB商品が開発され
ています．しかしながら，コンビニエンスストア各社は本来小売業であり，製
造業者ほどの製造設備や生産力を有していないため，通常の製造業者が作る商
品と同等の品質をもつ商品を作ることは容易ではありません．そこで，PB商
品の製造は，コンビニエンスストア・チェーン本部からの発注を受けて，製造
業者によって行なわれることが多く，コンビニエンスストアに限らず，このよ
うな発注元の企業のブランドでの生産・販売する形態はOEM（Original
Equipment Manufacturer / Manufacturing，相手先ブランド生産）あるいはOEM調達と
呼ばれています．

　販売（小売）側のコンビニエンスストアにとって，製造業者に委託するPB商
品の製造は，製造にかかるコストのうち企画・開発コストなどが少なくて済む
ため，その製造業者のナショナルブランド商品の開発や製造よりも相対的に販
売価格を低くおさえる，あるいは利益率をより高くすることができます．また，
次節以降で述べるPOSシステムやポイントカードシステムなどで収集した販売
情報や購買者情報を分析し，製品開発やプロモーション活動等に活用すること
によって，チェーン独自の魅力ある製品を消費者に提供したり，アピール方法
を工夫したりすることで，高い評価を得ることができれば，チェーン全体のブ
ランド価値も高まるでしょう．一方，PB商品の製造を委託される製造業者側
にとって，このPB商品の製造にはさまざまな意味があります（第7章，第9章参
照）．製造業者が依頼を受けてPB商品を生産すれば，コンビニエンスストアが
確実にそれらの商品を買い取ってくれることになり，安定的な売り上げを見込
むことができます．さらに，全国に多数の店舗を持つコンビニエンスストアの
販売力を活用できるため，PB商品の開発を，その製造業者が市場での評価が
不確実な自社製品を開発，製造するためのチャンスやトライアルと捉える，あ
るいはPB商品の製造をきっかけとして，コンビニエンスストア・チェーン全

体での自社製品の取扱量の拡大を約束されることもあるでしょう.

　このようなPB商品の開発は1990年代前半から活発に行われ, 年々増加傾向にあり, 他業種の企業やテレビ番組, キャラクターなどとのコラボレーションでPB商品が開発されることもあります. 現在では, ナショナルブランド商品よりも安価なPB商品が店頭に置かれているだけでなく, より高品質で高価格のPB商品も開発され, PB商品の開発・販売に関するコンビニエンスストア・チェーンの戦略も大きく変化していることが伺えます.

10.4 情報システム（POSシステム）による在庫管理

　10.2で述べたように, 各コンビニエンスストア店舗への配送を効率的に行うために, すなわち, 各店舗への配送にかかる費用や時間をできるだけ削減するためには, 各店舗の注文や在庫状況を一元的にかつタイムリーに管理することが不可欠です. 前述のルート配送や共同配送は, 各店舗での売上や在庫, 発注情報を一元的に管理して配送量やそのタイミングなど調整することによって可能となるのです. また, コンビニエンスストアは, 客単価が低く, その店舗の中で販売・在庫スペースが限られているため, 回転率の高い「売れ筋」や回転率の低い「死に筋」をタイムリーに把握し, 適切な在庫管理や陳列の調整を行うことが重要です.

　このような配送業務や在庫管理の効率化を徹底するために, 各店舗の情報を集め, それらに対する情報分析を行うことを可能とする情報システムが整備されてきました. その代表的なシステムが, POS（Points of Sales）システムです. 例えば, セブンイレブンでは1982年からPOSシステムの導入が開始され, 翌83年には全店配備が完了しており, 当時, 先進的な取り組みであったと考えられています（内野, 2010: 192）. 現在では, ほとんどのコンビニエンスストア・チェーンでPOSシステムを整備し, リアルタイムで販売情報および購買者情報を収集・蓄積しており, 販売時点での売上状況を管理しているのです.

　POSシステムでは, 販売された商品に関する情報を, カテゴリー（種類）単位ではなく, 個別の商品（アイテム）単位に把握するという「単品管理」に基づいて登録しています. コンビニエンスストアの店舗面積は相対的に狭く, 一

つのカテゴリーに多数の商品（アイテム）を陳列することは難しいため，一つのカテゴリーの中でも高い売上が見込まれる少数のアイテムだけを陳列することが求められます．そこで，POSシステムで収集された各店舗のタイムリーな販売情報から，死に筋となっている商品（アイテム）を把握し，それに対しては早期に発注を停止したり，他の商品（アイテム）と入れ替えたりする一方で，売れ筋となっている場合は継続的に発注を続けたり，発注量を増加させたりといった在庫管理を行うことが可能となります．

さらに，アイテムごとの販売情報に限らず，各店舗に配送されたアイテムの情報も情報システムに登録し，これらの情報をシステムで連動させることで店内や倉庫の在庫状況も把握できます．つまり，POSシステムが導入されることによって，販売と在庫状況に関する情報を一元的に管理することができ，それらの情報を用いることで効率的なチェーンおよび店舗の運営が実現されます．大手のコンビニエンスストアでは，このシステムを最大限に活用しており，例えば，セブンイレブンでは，年間で全商品の約7割，週単位で約40アイテムの商品が入れ替えられていると言われています（木下，2011: 124）．

10.5 コンビニエンスストアでの顧客情報管理

レジで会計を行う際にPOSシステムが用いられ，その際には，どのアイテムがいつ売れたのかという情報とともに，購買者情報も登録されています．初期のPOSシステムでは，レジを担当する従業員が顧客の外見での印象に基づいて「性別」や「年齢層」などの購買者の属性情報を入力しており，それらの情報が集計・分析されてきました．しかし，近年では，会計時に特定の企業のポイントカードの提示を確認され，カードを提示することでより詳細な購買者の個人情報が記録される場合がよくみられます．ポイントカードを保有している人は，そのカードを作成する際に自分の個人情報を提供し，その個人情報と結びつけられたポイントカードの保有者として，POSシステムを通じて何かを購買した時の購買情報（商品名や日時，店舗名など）が登録されます．そのため，より詳細な個人情報が提供されることになります．

このような個人の購買情報が蓄積・分析されることで，特定の属性の個人が

どのような購買行動をとる傾向があるのか，どのような商品が同時に購入される傾向にあるのか，といった分析が可能となります．このような分析方法は「データマイニング」と呼ばれており，コンビニエンスストアに限らず，現在では多くの企業が実施しています．例えば，60代以上の男性がよく購入する時間帯はいつか，20代の女性がよく同時に購入する商品は何かといった情報を分析することができます．この分析結果が得られれば，特定の地域で人気のある商品の発注をその地域の店舗では増やしたり，棚の陳列内容を工夫したりするといった調整を行うことや，需要を見込んだ上での新商品開発も行うことができます．他方，コンビニエンスストアをよく利用する消費者にとっては，コンビニエンスストアのレジでカードを提示することでポイントを獲得することができ，個人情報と引き換えにそれらのポイントサービスを受けることができるのです．

　現在では，コンビニエンスストアというリアルな空間での購買行動と，オンラインでの購買行動の両方を結びつけたサービスが提供されています．例えば，通常のオンラインショッピングでは，条件によっては送料がかかるのに対して，コンビニエンスストア・チェーンのオンラインショッピングサイトを利用すれば，注文した消費者がコンビニエンスストアの店舗にそれをとりにいくことによって送料を無料にするというサービスやオンラインショッピングサイトで購入した商品の返品窓口となるサービスが行われています．コンビニエンスストアであれば自宅や職場の近隣に店舗があるために，距離や時間の利便性を生かしたオンラインショッピングと連動するサービスが提供されているのです．

　このようなオンラインの情報からオフラインのリアル店舗へ，あるいはオフラインのリアルな空間からオンラインサイトへと誘導するためのアプローチはＯ２Ｏ（Online to Offline, Offline to Online），あるいはオムニチャネルと呼ばれるものです．このようなアプローチでは，オンライン・オフラインのいずれであってもその購買行動履歴や情報サービスの利用履歴などの情報が蓄積・統合され，より顧客の行動は多面的に把握されることになります．頻繁に消費者が訪れるコンビニエンスストアの店舗やコンビニエンスストア・チェーンと連携したオンラインショッピングサイトで収集される購買情報，訪問情報は日々膨大に蓄積され，そのような情報およびそれらに対する分析結果は貴重な経営資源とな

り，他業種の新規事業の展開をサポートします．例えば，セブンイレブンについては，店舗とその端末が他の事業の基盤にもなっており，セブン銀行やセブンネットショッピングをはじめとする金融サービスやIT/サービス事業の拡大に貢献し，グループシナジーを生む重要な競争優位の源泉と位置付けられることが指摘されています（内野，2010: 209）．広範囲の地域に広がる多数のコンビニエンスストア店舗の運営，およびその流通網の確立，それらを支える情報システムの構築とその運用は，コンビニエンスストアのビジネスチャンスを拡大させる重要なリソースとなっているのです．

ま　と　め

　個人の生活にとって欠かせない存在となったコンビニエンスストアは,時間・品揃え・距離という利便性を提供し，その運営を効率的に行うためにルート配送や共同配送，それに伴うドミナント戦略を実施し，在庫および顧客情報管理のための情報システムを構築してきました．加えて，その販売網から得られるさまざまな情報の収集力と分析力を強みとしながら，PB商品の開発や店舗で提供するサービス範囲の拡大，さらにはシナジー効果の発揮による新たな事業展開などを行っています．コンビニエンスストアは，スーパーや百貨店などの他の小売業にとっても強力なライバルとなり，その影響力はさらに大きなものとなっていくかもしれません．

　他方，コンビニエンスストア・チェーン間の競争も激しく，提供されるサービスの同質化もみられる中で，各コンビニエンスストア・チェーンは次々に差別化のための戦略を考え続ける必要があります．また,フランチャイズ・チェーンで運営されることの多いコンビニエンスストアには，本部と加盟店側の間での利害対立から生じる問題も報じられており，今後，労働力不足が予想される社会の中で健全な経営を行うためには，労働環境や社会的責任に関わる課題への対応も迫られることが予想されます．

参考文献

市原実（1995）『すぐ応用できる商圏と売上高予測』同友館.

内野明（2010）「第7章　セブン−イレブンにおける情報システムの発展」（経営情報学会情報システム発展史特設研究部会編『明日のIT経営のための情報システム発展史　流通業編』専修大学出版局，181–210頁）.

小川進（2009）「第7章　コンビニエンスストアの革新性──セブン−イレブンの事業システムを通じて──」石井淳蔵・向山雅夫編『小売業の業態革新』中央経済社，177–200頁.

笠井清志（2007）『ビジュアル図解 コンビニのしくみ』同文館出版.

木下安司（2011）『コンビニエンスストアの知識　第2版』日本経済新聞社.

経済産業省「商業統計調査　利用上の注意」<http://www.meti.go.jp/statistics/tyo/syougyo/result-2/h16/pdf/niji/riyou-gyou.pdf>，2019年7月28日.

第11章
ビジネス・モデルと情報財の活用

はじめに

「ビジネス・モデル」という概念は，1990年代後半の情報通信技術（ICT: Information and Communication Technology）の発展に伴って注目が集まるようになりました．これはICTの活用によって商行為がシステム化し，収益性を高めたり新しい事業，さらに直感的にはその仕組みが把握しにくい事業が出現したりしたことがきっかけでした．本章では「誰にお金を支払ってもらって収益を上げるか」という視点でこのビジネス・モデルを整理します．

11.1 利用者が収益源であるビジネス・モデル

ビジネス・モデルは，企業活動を通じて顧客に働きかけ，製品やサービスを提供して利益を上げる仕組みと説明されます．言い換えれば，事業戦略として「誰に，何を，どのように提供し，誰から儲けるか」を示したものです．例えばラーメン屋さんでしたら，来店した顧客に，ラーメンを，店内で調理して提供し，その顧客から代金をもらって儲けます．このように基本的な小売流通業や製造業は，提供するものやサービス，提供の方法はさまざまですが，ものやサービスを提供され利用した顧客から直接儲けるという点は共通しています．これは最もシンプルで昔から存在するビジネス・モデルです．

これに対し，「誰から」の部分は同じですが「何を，どのように提供し儲けるか」の部分を工夫して競争優位を得るビジネス・モデルも存在します．その

代表例が「消耗品モデル」です．このビジネス・モデルは，使い捨て方式の替え刃を採用した髭剃り用カミソリ「ジレット」で知られるジレット社が使って有名になったため，ジレットモデルと呼ばれることもあります．このタイプの髭剃り用カミソリは本体と替え刃に分かれているため，剃り味が悪くなったら替え刃だけを交換します．そのため本体を持っているひとは消耗品である替え刃を継続して購入してくれます．したがって，本体でなく消耗品で，かつ継続して儲けるビジネス・モデルになっています．消耗品モデルでは，本体と消耗品のような相互補完的な関係のある2種類以上の製品やサービスを組み合わせ，多くの場合，本体は安価で販売し（場合によっては赤字で販売），消耗品を比較的高い価格で販売します．本体だけでは儲からなくても全体として収益をあげられるビジネス・モデルになっています．さらに，競合製品に買い替えるよりも消耗品のみを購入する方が安価となる価格設定をすれば利用者は継続して消耗品を購入することになるため，顧客を囲い込むことができ，安定した収益を上げることができます．

消耗品モデルは身近にたくさん存在します．例えば，インクジェットプリンタとインクカートリッジ，カプセル式コーヒーメーカーとコーヒー粉末カプセル，ウォーターサーバーとウォーターボトルなどが挙げられます．どの例も本体は安価か無料で提供し，消耗品で収益をあげています．しかし，このビジネス・モデルが機能するには，消耗品を独占的に提供する仕組みになっている必要があります．他社の消耗品が使用可能だとすると，消耗品のみを安価に提供する企業に収益源を取られてしまうからです．替え刃もコーヒー粉末カプセルも，他社製品は使用できない構造になっているのはそのためです．

ネットワーク効果を消耗品モデルに取り入れ，より発展させたビジネス・モデルを活用しているのが家庭用ゲーム機です．家庭用ゲーム機は，ゲーム機本体（ハード）とゲームソフト（ソフト）が別になっているものがほとんどであり，この二つの組み合わせで成り立つという意味で消耗品モデルを利用することができます．実際に高性能なゲーム機本体を赤字とも思える安価で販売し，ゲームソフトの売り上げで収益を得ている事例が多いです．さらに，ゲームソフトは他の利用者との貸し借りが可能であり，加えて近年のゲームはインターネットを通して他の利用者と対戦したり協同したりすることが可能であるため，

ゲームソフトの利用者数が多くなればなるほど，ゲームソフトさらにはゲーム機本体の価値を高めるネットワーク効果が発揮され，さらなる利用者の増加に繋がる好循環を生むことになります．このように消耗品モデルにネットワーク効果を加えた，いわばハード／ソフト型モデルがゲーム機のビジネス・モデルになっています．

　さらにビジネス・モデルを発展させ，ゲームソフトの開発を「サードパーティー」と呼ばれる外部の企業に開放して，それらがゲーム機本体提供企業に支払うロイヤルティを重要な収入源とするモデルが一般的になっています．ロイヤルティ収入を増やすためにはゲームソフトの売り上げを増加させる必要があります．そのためにはゲーム機本体の販売数を増加させ，ネットワーク効果を効かせることによってゲームソフトの売り上げ増加に繋げることが重要になってきます．それが実現できれば，多くのゲームソフトの開発を専門にしているサードパーティーが多様で魅力的なゲームソフトを提供することになり，翻ってゲーム機本体の売り上げ増加に繋がる好循環を生むようになります．ゲームソフトが好循環の重要な要素となっているため，キラーコンテンツと呼ばれる非常に多くの利用者を期待できる魅力的なゲームソフトをゲーム機本体提供企業間で取り合う競争が起こることもあります．

　ゲーム機事業のように，自社の製品やサービスを開放して他社が製品やサービスを提供できるようにすることで収益を上げる事業は「プラットフォーム・ビジネス」，その土台となる製品やサービスを提供する事業者のことは「プラットフォーム・ホルダー」と呼ばれます．スマートフォンの基本ソフト（OS）提供の事業はプラットフォーム・ビジネスの例であり，たくさんのアプリ提供企業がプラットフォームの上で事業を展開しています．オンラインショッピングのモールもそうですし，配車サービスや空き部屋を貸し出す事業で有名な「シェアリング」あるいは「マッチング」サービスもこのビジネス・モデルのひとつといえます．プラットフォーム・ビジネスはネットワークの経済性やシナジー効果が働きやすく大きく安定的な収益を期待できるため，多くの企業がプラットフォーム・ホルダーになることを目指しています．

11.2　利用者以外が収益源であるビジネス・モデル

　利用者本人ではなくそれ以外の人が収益源であるビジネス・モデルも存在します．利用者以外の人がお金を支払うというのは，直感的には違和感があるかもしれません．しかしこのようなビジネス・モデルは身近なところで多く見ることができます．

　まず最も身近なビジネス・モデルが「広告収入モデル」です．私たちはインターネットの検索サイトを無料で利用することができます．検索サイトを運営する企業は，この非常に便利な検索サービスを提供するために，莫大な初期投資を行うと共に日々の維持管理費も支払っているはずですが，誰がその費用を負担しているのでしょうか．その答えは，検索サイトや検索結果の画面にあります．私たちが検索サイトを利用すると，入力した検索キーワードに関連した広告が，検索結果の上部や横に出てくることが多いです．これは「検索連動型広告」と呼ばれる広告です．検索キーワードを入れた利用者はそのキーワードに関心がある場合が多いので，検索連動型広告は不特定多数を対象とした広告よりも広告効果が高いと言われています．検索サイトのビジネス・モデルには，検索サイト・検索サービス利用者・広告主の三者のプレイヤがいます．検索サイトは無料で検索サービスを提供しますので，検索サービス利用者から収益を得ることはできません．その代わりに検索キーワードに関連した広告を表示し，利用者が広告をクリックして閲覧する対価として，広告主から収益をあげるビジネス・モデルになっています．この広告が収入源です．広告主は提供する商品やサービスの価格の中に広告のコストを上乗せするので，サービス利用者は間接的にインターネットサービスのコストを支払っていることになります．なお，このビジネス・モデルはプレイヤが三者存在することから「三者間市場」のモデルと呼ばれることもあります．

　検索連動型広告の他にも，検索サイトをはじめとしたさまざまのウェブサイトの上部や横に画像やアニメーションが付いた広告が表示されクリックすると関連する情報が表示される「バナー広告」があったり，個人的なウェブサイトやブログをはじめさまざまなウェブサイトに広告へのリンクを付けたり，検索

サイトをはじめとした無料で使うことのできるインターネットのサービスには
さまざまな広告が付随していることが多いです．

　このような広告収入モデルは身近なところでたくさん見ることができます．
例えば，民放のテレビ放送がそうです．民放のテレビ放送局が放映する番組の
製作にはコストがかかっていますが，視聴者は番組を無料で視聴することがで
きますので，利用者である視聴者から費用を回収することはできません．その
代わりに民放のテレビ放送局は番組の間に放映する広告枠を広告主に販売し，
そこから収益を得ています．このように放送局，視聴者，広告主の関係を見る
と広告収入モデルであることがわかります．

　twitter，LINE，facebookなどのSNS（ソーシャル・ネットワーキング・サービス）
あるいは動画配信サイトも，収益の多くあるいは一部を広告収入モデルから得
ています．利用者はSNSや動画配信サイトを無料で利用することができますが，
バナー広告があったり，記事やコンテンツの間に広告があったりします．そこ
からの広告収入が収入の柱になっています．化粧品，飲食店，料理レシピ，家
電などのクチコミサイトも収益の一部を広告収入モデルに頼っています．ス
マートフォンの普及，利用の手軽さあるいは露出の多さも相まって，スマート
フォンやパソコンで利用できるサービスには広告収入モデルを多く見ることが
できます．

　利用者以外が収益源であるビジネス・モデルの変形版として，利用者の一部
がサービスの対価を支払う「フリーミアム・モデル」が近年注目されています
（Anderson, 2009）．フリーミアムは，free（無料）とpremium（割増料金）を合わ
せた造語で，無料の基本サービスと高機能で高付加価値な有料の上級サービス
の２種類のサービスを提供し，上級サービス利用者からの収益で無料の基本版
を含めたサービス全体のコストを賄うビジネス・モデルです．基本サービスは
無料で利用できるものの，基本サービスは機能，利用可能時間や量，サポート
などの付加的サービスが制限されています．そのためより使い勝手の良いサー
ビスを求める利用者は上級サービス利用のための料金を支払うことになりま
す．フリーミアム・モデルは利用者を基本サービス利用者と上級サービス利用
者に分け，上級サービス利用者から収益をあげるビジネス・モデルとなってい
ます．

　このフリーミアム・モデルも身近なところで多く見ることができます．例えば，インターネット上のゲームの多くは無料で楽しむことができます．しかし課金をすることで有利にあるいは速くゲームを進めるための道具などを手に入れることができるため，一部の利用者は課金に応じることになります．他にも，インターネット上に写真や動画や文書などのファイルを保存できるストレージサービスに関しても無料で利用できるものがあります．しかしより多くのファイルを保存するには十分な容量でないため，一部の利用者は料金を払って容量を追加することになります．ニュースや音楽などのコンテンツ提供サービスでは，無料の利用者に対しては閲覧・視聴できる本数に制限があり，料金を払えばその制限が解除されるものがあります．さらには，有料会員になると無料会員では利用できない機能が使えたりクーポンがもらえたりするサービスもあります．

　フリーミアム・モデルが事業として成功するかどうかは，基本サービスと上級サービスの機能と価格のバランスが重要です．ほとんどの利用者が基本サービスで十分満足してしまう場合，誰も有料の上級サービスを使いません．しかし基本サービスを制限しすぎると，そもそも利用者を獲得することができません．機能が充実していても価格が高すぎると上級サービスに移行する人は少なくなり，収益のバランスがとれなくなります．機能と価格の最適な差別化が事業の成功要因となります．

　従来でも食品，飲料，化粧品等の無料サンプルを提供することはありましたが，提供に実費がかかるので供給量が限られていました．これに対して，上記のようにデジタル化されたサービスをICTを活用して提供する場合，基本版の多くが有料版を簡易化した複製であるので基本版のサービスをかなり小さな費用で提供でき，サービスの追加供給も小さい費用で可能となります．つまり，フリーミアムはICTと相性の良いビジネス・モデルだと考えられます．

　現実の事業では，利用者が収益源であるビジネス・モデル，広告収入モデル，フリーミアム・モデルなどを組み合わせてサービス提供を行っている場合もあります．例えば，飲食店のクチコミサイトでは，飲食店から掲載料をとり，サイトには広告を載せ，一部の利用者が有料会員になり上級サービス利用しています．

　また，無料サービスの利用者から集めた行動履歴やサービス利用履歴などを分析し，その結果をコンサルティングなどの形で企業などに有料で提供し収益を上げるビジネス・モデルも存在します．無料サービスの利用者の行動を使ってAIに学習をさせ，全く別の形で商品化して別のところで収益を上げるビジネス・モデルもあります．このように，利用者以外が収益源であるビジネス・モデルはスマートフォンをはじめとしたICT化の進展を背景により多様に提供されるようになっています．

11.3　相互依存関係にある利用者グループを連動させるビジネス・モデル

　先ほどプラットフォーム・ビジネスの説明をしましたが，プラットフォーム・ビジネスの中には，相互依存関係にある複数の異なる利用者グループが存在し，それらを連動させることで価値を生み出すビジネス・モデルが存在します．具体的には，あるグループの利用者数の増加が，他のグループの利用者数の増加をもたらす事業であり，このようなビジネス・モデルを「マルチサイド・プラットフォーム（multi-side platform）」と呼びます．例えばゲーム機では，ゲーム機の利用者の増加は共通の話題をもつひとや対戦者の増加などが及ぼすネットワークの経済性を通してさらなる利用者の増加をもたらします．同時にゲーム機利用者の増加は，ゲームソフト会社などのサードパーティーの販売機会を増加させるためゲーム機のプラットフォームの価値増大をもたらし，参入を増加させます．そしてサードパーティーの参入増加は多様なゲームソフトの提供をもたらし，ゲーム機利用者のプラットフォームの価値を増加させます．このようにマルチサイド・プラットフォームでは，異なる利用者グループ間をつないだ好循環がもたらされます．

　他の身近な例としては，クレジットカードをあげることができます．クレジットカードの基本サービスは立替払いですが，そこには消費者・カード会社・加盟店の三者のプレイヤが存在します．消費者は買い物をするとき現金を支払うことなく商品やサービスを受け取る立替払いサービスを利用します．そして後日，カード会社は消費者の買い物の代金を立て替えて加盟店に支払います．さらに後日，消費者はカード会社に買い物代金の支払いを行います．消費者はク

レジットカードを利用可能な加盟店が増加すると買い物の利便性が増すためクレジットカード保有者が増加します．同時にクレジットカード保有者が増加すると買い物客増加の可能性が増すのでクレジットカード加盟店が増加します．このようにクレジットカード事業は，消費者の増加が加盟店の増加をもたらし，そのことが消費者の増加をもたらす，マルチサイド・プラットフォームによる事業の一つなのです．またクレジットカード事業を収益の構造で見ると，消費者は多くの場合無料で立替払いサービスを利用できます．他方，加盟店はカード会社に手数料を支払います．このようにクレジットカードの立替払いサービスは，利用者以外が収益源であるビジネス・モデルになっています．なお，実際のクレジットカード事業では，割賦販売モデル（分割払い）やサブスクリプション・モデル（会費）など，さまざまなビジネス・モデルを組み合わせてサービスを提供しています．

　近年急成長している例でも，オンラインショッピングのモールでは利用者グループと店舗グループ間を，配車サービスでは利用者グループとドライバーのグループ間をつないで好循環をもたらしています．

11.4　情報財とビジネス・モデル

　ここでは近年顕著に目にすることができるようになった，情報財に関わるビジネス・モデルや情報通信技術を活用した特徴的なビジネス・モデルを見ていきます．その前に，情報財にはさまざまな定義がありますが，ここでは「市場で取引されるデジタル化可能な情報」とします．具体例としては，映画，音楽，ゲームソフト，コンピューターのソフトウェア，データベースの中にある情報などが挙げられますが，一般にコンテンツやソフトウェアと呼ばれるものが多いです．

　情報財にはいくつかの特徴があり，それに応じたビジネス・モデルが存在します．まずは情報財の再生産費用が小さい特徴に焦点を当てます．情報財は複製（コピー）が容易で，オリジナルと完全に同じものを簡単に作ることができます．これを生産費用の観点で説明すると，再生産の費用が非常に小さく，安価でオリジナルと完全に同じものを生産できるということになります．もちろ

ん最初にオリジナルを生産するには大きな費用が必要です．例えば，ハリウッド映画には数百億円もの製作費をかけているものが数多くありますし，有名なゲームソフトの開発には数百億から一千億円以上という莫大な費用がかかっていると言われています．しかし映画コンテンツやゲームソフトが入ったDVDのコピー・再生産費用は非常に小さいです．近年一般的になりつつあるデジタル配信やインターネットを通じた配布なら，再生産費用はほとんどゼロといってもいいでしょう．経済用語を使って説明すると，情報財は，オリジナルの生産費用である「固定費」に比べ，再生産の費用である「変動費」が非常に小さい，あるいはほとんどゼロであるという特徴が存在します．

　固定費に比べて変動費が極めて小さい費用構造の場合，生産を増やせば増やすほど1単位あたりの生産費用が小さくなる「規模の経済性」が働き（第7章参照），平均費用が下がり続けることになります．このような性質を経済学では「平均費用逓減」と呼びますが，生産量が多いほど生産効率が上がり市場競争力が増すことになるので，市場には少数の生産者のみが残ることになり，情報財の市場は独占や寡占へ向かいがちになります．実際にパソコンやスマートフォンの基本ソフトであるOS（オペレーティングシステム）の市場は寡占状態になっています．このような市場において支配的な地位を築いている企業はその地位を保つため，新製品を出す時も，機能や性能が上位の新製品で下位の旧製品の規格を扱えるようにする上位互換性を保ち，消費者を自社製品に囲い込み続けるように試みるビジネス・モデルを採用することが多いです．他方，競争劣位にいる企業は，技術革新により全く異なる市場に主戦場を変えるビジネス・モデルを模索することがあります．近年のウェブベースでのサービス提供やクラウド化に伴うOSとアプリケーションソフトやサービスとの関係の変化はこの結果と見ることもできます．

　次に，ネットワーク効果（ネットワーク外部性）に焦点を当てます．ネットワーク効果とは，同じ製品やサービスの利用者が増えれば増えるほど，その製品やサービスの価値が高まる効果のことを指します．特徴的なのは，利用者の便益が増すだけでなく，未利用者がその製品やサービスから感じる便益も高まる点です（第7章参照）．ネットワーク効果が存在する典型は通信サービスで，電話やFAX，さらにはLINEやfaebookなどのSNSが例として挙げられます．通信サー

ビスの他にも，ワープロソフトや通信可能なゲームソフトもネットワーク効果を持つ情報財の例として挙げることができます．ネットワーク効果が強く働く財やサービスには，市場でその財やサービスがある程度普及するとその後自立的かつ急激に普及するようになる利用者集団の規模である「クリティカル・マス」が存在するという特徴があります．加えて，クリティカル・マスを超さないと，その財やサービスは次第に利用者を失っていき，最終的に市場から消えてしまいます．ネットワーク効果が強く働く財やサービスの市場では利用者の増加がその財やサービスの魅力を増すことになるので，雪だるま式に利用者が増加します．逆にクリティカル・マスを超す前の小さな利用者集団では，利用者の減少が財の魅力を減少させ,利用者の離脱を促すことになります.クリティカル・マスの存在は，ネットワーク効果が強く働く財やサービスを提供する企業のビジネス・モデル，特に価格戦略に影響を与えます．このような財やサービスを提供する企業は，市場投入当初から低い価格設定を行いより多くの利用者の獲得を試みる「ペネトレーション・プライス方式」を伴ったビジネス・モデルを構築することが多いです．場合によっては，市場投入当初は赤字になることを厭わないこともあります．これは早期に利用者を確保しクリティカル・マスを超すための価格戦略といえます．一般的な財やサービスでは，市場投入当初は高い価格設定を行うことで高い利益率で収益を確保し，その後価格を下げて売り切る「スキミング・プライス方式」の価格戦略を採用することが多いことと対照的です．

　その他にもネットワーク効果が強く働く財やサービスには,「過剰慣性」と呼ばれる旧技術から新技術への利用者の移行が進まない特徴も存在します．新技術を採用した高性能で費用対効果の高い新製品があるなら，利用者は旧製品から新製品へ乗り換える方が合理的なはずですが，旧製品の持つネットワーク効果が邪魔をして新製品への移行が進まない状況が発生します．誰か他の利用者が新製品に移行したら自分たちも乗り換えることになるのですが，誰も最初の移行者である「ファースト・ペンギン」になろうとしないため，なかなか乗り換えが進みません．過剰慣性は，新技術を採用した新製品への移行促進におけるビジネス・モデルへも影響を及ぼします．旧製品のネットワーク効果を凌駕する新技術を採用し新製品自体の魅力を高めることは，画期的な新製品への

移行促進の戦略のひとつです．他方，ネットワーク効果を考慮すると，新製品で旧製品の機能を使うことができるようにする上位互換性を保ち，旧製品のネットワーク効果を取り込むビジネス・モデルを採用することには合理性があります．しかし上位互換性を保つことで新技術が制約を受け，画期的な新機能を提供できなくなることは往々にして発生します．そのため企業はどちらのビジネス・モデルを採用するか難しい選択を迫られます．このことは，パソコンのアプリケーションソフトなどのビジネス・モデル構築において見ることができます（山田，2008）．

　さらに，情報財の販売には物理的な店舗の必要性が低く，在庫費用が非常に小さいという特徴に焦点を当てます．情報財の場合，デジタル化された情報であり複製が非常に容易なので，ハードディスクなどの記憶領域に記録しておけば十分であり，物理的な在庫の保管場所は非常に小さくてすみます．そのため在庫費用は非常に小さく，ほとんどかからないといってもいいでしょう．一般にものを売る場合，商品を陳列する物理的な広い場所が必要ですし，注文があった際に商品がなくて商機を逃す機会損失を避けるためある程度の在庫も抱えます．物財の場合，在庫には保管する場所が必要となり費用がかかります．情報財の在庫費用とは対照的です．コンビニエンスストアやスーパーマーケットなどがPOSシステムを導入し，商品の売れ筋・死に筋を詳細に分析し売り場の効率を高め，さらに複数回の配送を導入することで在庫を小さくするのは在庫費用を少しでも小さくするための試みです．

　物理的な店舗の必要性が低く，在庫費用が非常に小さいという特徴は，ビジネス・モデルへも影響を与えます．楽天，Amazon.com，eBay，Tmallをはじめとしたオンラインショッピングのモールの店舗はWeb上であるため売り場にかかる費用が極めて小さく，あまり売れることのない死に筋の商品も含めて非常に多くの商品を取り扱うことが可能となります．結果として，死に筋商品の売り上げ合計が全体の売り上げの中で無視できない割合を占める「ロングテール」と呼ばれる現象を引き起こすことになります（Anderson, 2008）．これは物理的な店舗において「上位2割の合計が全体の8割を占める」というパレートの法則と呼ばれる経験則とは大きく異なる性質です．オンラインショッピングのモールはロングテールを活用したビジネス・モデルを構築しています．

　音楽や動画のコンテンツ配信サービスが典型的ですが，情報財を扱うオンラインショップでは，在庫の費用が極めて小さくなりますが，さらにインターネットを通じた商品の受け渡しのために流通に関わる費用も極めて小さくなります．音楽配信サービスではメジャーと呼ばれる楽曲だけでなく，インディーズやマイナーレーベルあるいは無名の楽曲も容易に取り扱うことができます．多様に存在する少数のコアなファンを顧客とすることも容易で，高い利益率をあげられる可能性があります．1曲単位での販売も可能であり，楽曲などのコンテンツの販売において従来とは異なるビジネス・モデルを採用する企業も存在します．

ま　と　め

　ビジネス・モデルは一見するとわかりにくいように思えますが，利用者とお金を支払う者の観点で整理すると理解しやすくなります．利用者が収益源である場合でも，利用者に商品を販売しその時点で収益をあげるだけでなく，補完製品を組み合わせたり，収益を上げるタイミングをずらしたりするなど多様なビジネス・モデルが存在します．無料で商品やサービスを提供しているように見える場合でも，実際は利用者以外の顧客から収益をあげるビジネス・モデルになっています．現実のビジネス・モデルでは，複数のビジネス・モデルを上手く組み合わせて事業を展開していることも多いです．

　このようにビジネス・モデルという概念を用いることで複雑な事業を理解しやすくなります．現実の社会では次々と新しく斬新なビジネス・モデルが提案され，世に現れます．しかしそれらビジネス・モデルのすべてが成功するとは限らないことには注意しなくてはなりません．また，仮に優れたビジネス・モデルを考案したとしても，具現化できるかはまた別の話になります．ビジネス・モデルを実際の事業として具現化するのは，事業に携わる個人であり，その集合体である組織です．これらの個人や組織を前提としてビジネス・モデルを機能させるにはマネジメントが必要となります．さらには，新しいビジネス・モデルを具現化できたとしても，その事業において長期的な競争優位を確保できるかどうかは，他の企業がその仕組みを模倣できるかどうかにかかっています．

模倣が容易なビジネス・モデルで得た競争優位は一時的なものになりがちです．顧客により良い価値を提供できるように，構築したビジネス・モデルや仕組みを洗練させ続けることこそが，ビジネス・モデルの肝になるのです．

参考文献

Anderson, C. (2008) *The Long Tail*, Hachette Books（アンダーソン，C.『ロングテール──「売れない商品」を宝の山に変える新戦略──』篠森ゆりこ訳，早川書房，2014年）．

Anderson, C. (2009) *Free*, Hyperion（アンダーソン，C.『フリー』小林弘人監修，NHK出版，2016年）．

山田英夫（2008）『デファクト・スタンダードの競争戦略　第2版』白桃書房．

第12章

産業とビジネスの未来

はじめに

　個人的なことですが，筆者は，愛媛大学に籍を置くまでの41年間，銀行に勤務していました．この本を手にされる学生の皆さんは，銀行と聞いてどんなイメージを持たれるでしょうか．支店の建物やATM，スマホのアプリ，キャッシュカード，そうした目に見えるものを想像されるかも知れません．しかし，銀行ビジネスのコアは，昔も今も，圧倒的に企業向けの貸出です．したがって，誤解を恐れずに言えば，銀行員の仕事とは，貸出という仕事を通して企業と向き合うこと，と言っても過言ではありません．

　そうした仕事を長年続けてきた中で私が見たもの，それは数多くの企業の栄枯盛衰でした．当然ですが，企業は不死鳥ではありません．成長する企業があれば，市場から退出を余儀なくされる企業もあります．地域経済の裏側には，常にそうした企業の栄枯盛衰が隠されているのです．

　本章で述べたいことは，そうした栄枯盛衰がこれからさらにドラスティックに，しかも加速しながら進んでいくということです．そのことがもたらす具体的影響には，例えば，企業寿命の短命化といったことが挙げられます．本章では，そうしたさまざまな影響について考えていきますが，それらは決して善悪で片付けられる問題ではありません．企業の寿命が短くなるということは，倒産する企業が増えるということですから，ネガティブに受け取る人が多いかもしれません．しかし，それは一方では，企業の新陳代謝が進むということですから，これからの時代にはむしろ望ましいとすら言えます．

　また，企業寿命の短命化は，働く人々にとっても大きな問題です．しかし，それは働く人々にとって本当に悪いことでしょうか．そもそも日本独特の終身雇用がもはや持続可能でないことは誰の目にも明らかです．そうした前提で考えれば，企業の盛衰がよりはっきりした形で，しかも早目に決着する方が，働き手にとっては望ましいとも言えるのです．

　いずれにしても，これからビジネスの世界は急激に変貌を遂げていくでしょう．皆さんは，そうしたいわば「静かな産業革命」の荒波を，真正面から受けることになりますが，学生時代にこそ，そうした時代の波を大きく捉えておくことが必要ではないでしょうか．実社会では，常に目前の短期的な課題の解決を迫られます．だからこそ，今のうちに「鳥の目」で全体を俯瞰し，「魚の目」で流れをキャッチする習慣を身につけておかなければなりません．以下では，そうした観点から，激変するビジネス環境とその特徴について解説し，最後に産業とビジネスのこれからについて概観したいと思います．

12.1 激変するビジネス環境

（1）加速する人口減少

　愛媛県の人口は，2019年現在，既に135万人を下回りました．これからその減少ペースが拡大することも確実視されています．しかし，そのことがもたらす経済的な影響については，まだ十分には危機感が醸成されていません．人口動態が，いかに経済に大きな影響をもたらすか，それを如実に示すのが，戦後日本の経済成長です．日本は，戦後の約70年間で，人口が80％近く増加しました．対して，ドイツやイギリスは，30％前後に止まりました．経済成長の要因は，必ずしも人口だけではありませんが，戦後日本の場合，人口増加が成長の最大のドライバーになったことは間違いありません．

　そして問題は，これからその歯車が完全に逆転するということです．もし，人口減少を補って余りある生産性の向上が実現すれば，何も困ることはありません．しかし，そうならずに人口減少の影響をもろに被るとすれば，地域経済は相当に深刻な局面を迎えると覚悟しておかなければなりません．

　私たちの身の回りで考えてみましょう．デパートやスーパーを始めとして，

小売店はかなりの店舗が淘汰されるでしょう．公共交通の需要も徐々に先細りになり，移動サービスの水準維持が困難になります．その他，学校などの公共施設から，美容院やクリーニング店といった民間のサービス業に至るまで，すべてが縮小し，適正規模にまで収斂して行かざるを得ません．仮に，生産性の向上がある程度実現するとしても，こうした事態はほぼ起こると考えておかなければならないのです．加えて，人口減少は需要面だけの問題に止まりません．既に顕在化しているように，労働力不足という供給面からの制約がさらに深刻化していきます．

　いずれにしても，これまでのビジネスは，需要面では人口増加，供給面では安価な労働力を前提に組み立てられてきました．その前提は完全に崩れている上に，これからは世帯数も減少し始めます．以下に述べるように，ビジネス環境は劇的に変化していきますが，その底流にある人口減少が，ボディーブローのように効いてくることを，決して軽視してはなりません．

（2）成熟化する日本経済

　日本経済は，戦後の高度成長期から安定成長期を経て，低成長期に入っています．特に平成の30年間は，一時期マイナス成長になったこともあり，多くの国民にとっては富の増大を実感することなく過ぎた時代と言ってもいいでしょう．その原因は，一つには政策の失敗もあったと思われます．しかし，低成長への移行は，日本だけのことではなく，先進国全体に共通しています．つまり，一定の経済成長を遂げ，生活水準や教育水準が一定の水準に達した国では，経済が成熟化し，成長が鈍化するのは避けられないということです．だとすると，経済成長の停滞は，より構造的な問題ということになります．

　さて，それでは経済が成熟するとは，どういうことでしょうか．それは，端的に言えば，経済成長のフロンティアが消滅する，あるいは乏しくなっていることを意味しています．俗っぽい言い方をすれば，金儲けの機会が少なくなってきたということです．それをはっきりと示しているのが，現在の低金利と金余りです．皆さんは，生まれた時からずっと低金利の中で暮らしていますから，当たり前のように思っているかも知れませんが，かつて1年物の定期預金の金利は6％程度が普通だったのです．従って，その時代と比べると，現在の金利

はほぼないと言ってもいいような状態ですが，問題は，それが通常の姿（ニュー
ノーマル）になっているということです．

　もし，何かのビジネスをすることによって儲かるのであれば，そしてその収
益率が借入金利を上回るのであれば，企業家は借入してでもその分野に参入し
ようとします．現代のビジネスにおいては，そうした収益機会が乏しくなって
いるということなのです．

　しかし，当然のことながらすべてのビジネスが停滞しているということでは
なく，成功しているビジネスも多くあります．ただ，経済の成熟化に伴う金余
りが象徴しているように，資本力がビジネスを制する時代は去りつつあり，ビ
ジネスも昔に比べれば参入が容易になっています．無論，それは企業間競争を
激しくするということにもつながるわけですが，何をするにしても，かつての
ような高成長をイメージしたビジネスはあり得ないということを自覚しておく
べきではないでしょうか．

（3）テクノロジーの進化

　今後のビジネス環境を考える上で，テクノロジーの進化が最重要なファク
ターであることは，言うまでもありません．ただ，学生の皆さんは，生まれた
時からインターネットに囲まれて育ったデジタルネイティブ世代ですから，か
えってその重要性を肌身では実感しにくいかも知れません．しかし，筆者のよ
うな高齢者からみると，直近の20年間だけを取ってみても，革命的と言ってい
いほどのテクノロジーの進化がありました．

　そもそも20年前は，まだ携帯電話すら普及途上でした．その後，インターネッ
トが本格的に普及し，スマートフォンが登場し，VR（Virtual Reality）やAR
（Augmented Reality），ロボットやドローン，3Dプリンター，IoT（Internet of
Things），5G，そして最後にAI（Artificial Intelligence）に至る進化の過程は，ま
さに革命と言っても過言ではないほどの大きな変化でした．ここで，あえて革
命という言葉を使ったのは，こうしたテクノロジーの進化が，単に生活を便利
にするといったレベルを超えて，社会のあり方を根底的に変えようとしている
からに他なりません．

　多くの皆さんは，これからビジネスの世界に身を投じていくことになります

が，もはやテクノロジー抜きでは何も出来ない時代になっているということを
よく理解しておくべきでしょう．しかも，その進化は今後さらに加速していき
ます．そういう時代になると，文系理系の区分はもはや意味をなさなくなって
きます．なぜなら，進化するテクノロジーは，あらゆるものの基盤になってい
くからです．プロのエンジニアを目指す必要はありませんが，テクノロジーに
関する基礎的な知識は身につけておく必要があると思います．

（4）グローバル，コネクテッド，エコ

航空機や自動車など移動手段の発達が，世界を狭くしましたが，インターネッ
トは，物理的な国境を飛び越えて，ヒト・モノ・カネそしてデータを，グロー
バルに，しかも瞬時に流通させるようになりました．そういう意味で，現代の
ビジネスは，すべてがつながるコネクテッド・エコノミー化しているとも言え
ます．しかも，すべてがつながるという意味が，情緒的な意味ではなく，世界
の個人や組織がリアルに，具体的につながっていく時代になっています．これ
は，ビジネスの世界に極めて大きな影響をもたらします．

例えば，いわゆるサプライチェーンやバリューチェーンと言われるビジネス
の連鎖のあり方が変わってきます．また，新興国がコネクテッド・エコノミー
の連鎖に加わることによって，既存ビジネスの存続が常に脅かされることにな
ります．企業家はビジネス・モデルの不断の見直しを迫られていくでしょう．
特に，日本のような先進国では，いわゆる汎用品ビジネスは新興国に委ねて，
付加価値の高さで勝負して行かざるを得ないと思われます．

一方，地球温暖化をはじめとする環境問題への対応は，より差し迫って企業
に突きつけられています．プラスチックゴミの問題もそうですが，企業規模や
業種にかかわらず，今後は，環境問題に対する企業のポリシーが問われること
になります．

いずれにしても，先進国では大量生産・大量消費時代のビジネスが終焉し，
グローバル化と環境問題への対応如何が，今後企業の優劣を決めることになる
と思われます．そういう意味では企業のポリシーや哲学といったものが大事に
なってくるでしょう．地域の中小企業にとっても，こうした視点を持っておく
ことが必要不可欠になってきます．

（5）世代交代と価値観の転換

　日本は，世界の中でも高齢化率（総人口に占める65歳以上の人の割合）が突出して高く（26.3％，2015年），人口のおよそ四分の一が高齢者で占められています．それは，裏返せば若者が少ないということですので，どうしても社会の主流を占める価値観が変わりにくい風土になっています．

　1980～2000年頃に生まれた若者を総称してミレニアル世代と言いますが，世界の労働人口は，2025年には75％がミレニアル世代になると言われているのに対し，日本はようやく50％に達する程度と見込まれています．そういう意味では，全面的に若者の価値観が主流になるにはまだ少し時間がかかるかも知れません．しかし，団塊の世代がすべて後期高齢者になる2025年あたりを境にして，徐々に若者の価値観が大きな影響力を持ってくるのではないでしょうか．

　特に，ビジネスの世界では，そうした価値観の転換を適切にキャッチしていかなければ，成功はおばつかないでしょう．まして，これからはミレニアル世代に続くZ世代がマーケットに登場してきます．正真正銘のデジタルネイティブ世代，モバイル・ファースト世代です．社会の価値観が一新されるのに，それほど時間は要しません．そうなったときに，旧来型のビジネス・モデルは，維持できなくなると思われます．

　ここまで，ビジネス環境の変化を5項目にわたって解説してきましたが，いずれの変化も地域や業種を超えて，幅広く，大きな影響を及ぼします．皆さん一人ひとりが，こうした環境変化についてじっくり考えていただければと思います．これからは，皆さん自身が，当事者として経済の需給両面に登場することになるのです．

12.2　ビジネス環境変化の特徴

（1）変化の急速化

　これから生じるであろうビジネス環境の変化には，いくつかの特徴があります．第1の特徴は，変化の速度が格段に早くなることです．幾何級数的な速度の伸長をもたらす背景には，さまざまな種類の開発がデジタルに行われているということがあります．つまり，必ずしも物的な資本，設備を必要とせず，多

くの人々が容易に開発競争に参入できるという，言わば全地球規模での開発競争が変化をスピードアップしているのです．

　こうした変化の速さは，一つにはプロダクト・ライフ・サイクル（商品やサービスが市場に投入されてから消えていくまでの寿命）の短期化をもたらします．商品やサービスが，普及するまでの期間も短くなっていますが，その後市場から消えていくスピードも早くなっているのです．商品やサービスは，常にアップデートされ，一つのヒット商品で何年も食っていけるといった甘いビジネスは成り立ちにくくなっています．携帯電話は，あっという間にガラケーからスマホに移行しましたが，そうなると，スマホも時間の問題と考えるのが普通でしょう．

　こうして世の中の変化が早くなった結果，企業の寿命も短くなっています．企業も消費されているということなのかも知れません．いずれにしても，これからのビジネスでは，「安定」という言葉は死語になるでしょう．それほど変化が激しい時代になっているということです．

（2）モノからコトへ

　ビジネス環境変化の一つとして，世代交代と価値観の転換を取り上げましたが，価値観が変化しているのは，必ずしも若者に限ったことではありません．その背景にあるのは，かつて豊かさを象徴していた「モノ」の飽和です．モノを持つことの意味，あるいはモノを持つことによる幸福度が急速に低下していて，それは若者だけでなく高齢者にも共通しています．

　一番分かりやすい例は，音楽の楽しみ方でしょう．筆者が子供の頃，音楽は家の一番いい部屋に置かれたステレオでレコードを聴くというのが一般的でした．つまり，音楽はモノだったのです．それが，今では，デバイスもコンテンツも，もはやモノというよりもコト，あるいは体験になっていて，高齢者のライフスタイルも変化しています．こうしたモノからコトへの流れが，第2の特徴です．

　モノからコトへの流れは，ビジネスにも極めて大きな影響を及ぼします．従来から，コトをビジネスにする分野はありました．旅行ビジネスや教育ビジネスなどが，その典型です．しかし，ここにきてすべてのビジネスがコト化しようとしています．その背景に，デジタライゼーションがあるのは言うまでもあ

りませんが，いずれにしてもこれからのビジネスを考える上で，この特徴は極めて重要なポイントになります．モノ単体のビジネスは，もはや成立しないといっても過言ではないのです．

（3）境界の消滅

　第3の特徴は，さまざまな分野で生じる境界の消滅です．境界が完全に消滅することはないとしても，その壁は著しく低くなっていきます．消えていく境界は，ビジネスや社会のあらゆるところに現出します．

　ビジネスの世界では，産業の融合が進み，業種とか産業の区分が徐々にはっきりしなくなるでしょう．その背景には，デジタライゼーションやマーケットの縮小に伴う競争の激化があります．

　その典型を，小売業界に見ることができます．アマゾンに代表されるEコマースが，既存の小売業にダメージを与える一方，小売業もまたEコマースに進出し，リアルビジネスとネットビジネスの境界が消えようとしています．

　一方，リアルの小売ビジネスでは，スーパー，コンビニ，ドラッグなどの競争が激化し，業態間の境界がはっきりしなくなっています．

　価値観の変化は，需要と供給の両面で，個人の台頭を促進し，個人が消費者としてだけでなく，生産者あるいは商品提供者としても登場するようになりました．その結果，プロシューマー（プロデューサーとコンシューマー）という言葉さえ生まれています．

　あらゆる所の境界が消え，すべてがシームレスにつながり始めています．ビジネス競争は，さらに激しさを増していくでしょう．

（4）中抜き

　第4の特徴は，中抜きです．インターネットの普及は，情報の非対称性を著しく縮小しています．例えば，私たちが何か買い物をする時，その商品の評価や最安値価格などはネット上ですぐに調べることができます．かつては，生産者と消費者，売り手と買い手の間には，大きな情報格差があり，その格差が情報優位にある側の利益につながっていました．

　情報格差で優位に立っていた典型的な業界が，卸売業つまり問屋です．問屋

は,生産者と消費者の間をつなぐ流通の要に位置していました. そこには生産・消費の両サイドからさまざまな情報が集まっていて, その情報こそが, 問屋の最大の武器でした. しかし, ネット時代になって情報格差が縮小するのに伴い, 問屋のような中間的存在は必要とされなくなりました. それが, 中抜きと言われる現象です.

　中抜きは, 背景や動機こそ違うものの, 色々な分野で進行しています. 例えば, 旅行者と航空会社・ホテルの間を仲介していた旅行代理店は, ネットに代替されていますし, 出版会社と書店を仲介していた書籍取次も淘汰が進んでいます. 金融の世界でも, ITを駆使した新興企業が, 決済分野で銀行の中抜きを狙っています. 意味合いは異なりますが, ユニクロのように商品の企画から製造, 物流, プロモーション, 販売までを一貫して行う小売業者も中抜きを徹底しています. 将来的には, 生産者と消費者が直接つながるようになり, 場合によっては小売店すらもが中抜きされるかも知れません. こうして, これからは中抜きがノーマルになっていく可能性が高いと思われます.

12.3　産業とビジネスのこれから

　ここまでビジネス環境の変化と特徴について述べてきました. それでは, こうした環境変化を受けて, これから産業やビジネスはどう変わっていくのでしょうか.

　基本的な流れとして, すべてのビジネスがデータ・ドリブンに向かっていくことは間違いありません. データ・ドリブンとは, さまざまに収集されたデジタルデータに基づいて, マーケティングやセールス活動が展開されることを意味しています. 加えてこれからは, そうしたデータの分析をAIがサポートするようになります. そうなると, 昔ながらの勘や経験に頼ったビジネスでは全く対抗できなくなるでしょう.

　これからは, そうしたデータビジネスが激しくしのぎを削る世界になっていきます. つまり, データが死命を制するようになるわけです. 少し横道にそれますが, 学校の授業が, パソコンやスマホで, 一人ひとりに対してデジタルに行われるようになったと想像してください. 途中の理解度テストやセクション

毎の進捗に要した時間などのデータから，先生は一人ひとりの学習状況を細か
くチェックできるようになります．どこで立ち止まり，何が分からなかったの
か，この生徒には何が必要なのか，細かくチェックし，その生徒に最も適した
指導ができるようになります．

　教育分野では，こうした変化がようやく緒に就いたところですが，多くのビ
ジネスは既にデータ・ドリブン志向になっていて，ビジネスのあり方に新しい
潮流が生まれています．いくつか例を挙げておきましょう．

　（1）パーソナライゼーション
　ネット上で収集された「個」客単位のデータとその分析は，ビジネスの在り
ようを究極までパーソナル化していきます．いわゆるパーソナライゼーション
です．もはや，消費者ニーズは多様化しているのではなく，個別化していると
すら言えます．パーソナル化する需要に対しては，供給サイドもそうしたカス
タマイズに柔軟に対応していくことが求められます．今後は，D2C（ダイレク
ト to コンシューマー）と言われる消費者直結のビジネス・モデルが一定の地歩を
築いていくでしょう．

　（2）ダイナミック・プライシング
　データ・ドリブンは，ビジネスのパーソナル化を促す一方で，消費者に提示
する商品やサービスの価格を，時間や場所に応じて柔軟に，リアルタイムに変
更することを可能にします．需要が増えれば価格を上げ，需要が減れば価格を
下げる，いわゆるダイナミック・プライシングといわれる手法です．もはや，
一物一価は過去のものになったと言っていいでしょう．こうした手法が，どれ
だけ市場経済を効率化させ，消費者に効用をもたらすのか，必ずしも結論は出
ていませんが，徐々に適用範囲を広げていくのは確実と思われます．

　（3）シェアリング
　データ・ドリブンに加えて，価値観の変化がビジネスに大きな影響を与えて
いるものの一つがシェアリングです．
　昨今のシェアリングビジネスの隆盛は，皆さんよくご存知でしょう．シェア

リングは，スペース，モノ，移動，スキル，お金といった分野に大別できますが，その市場規模は既に1兆円を突破しています．シェアリングビジネスにとってテクノロジーは必要不可欠ですが，その背景にある「所有から利用へ」と言う価値観の転換こそが，こうしたビジネスの隆盛を支えているのです．

（4）サブスクリプション

月毎や年毎に定額料金を支払って継続的にサービスを受けるサブスクリプションモデルも拡大しています．その背景には，シェアリングと同様の価値観の転換があります．サブスクリプションは，企業と消費者の双方にメリットをもたらします．ただ企業にとって，売り切りビジネスからサブスクリプションへの転換は，消費者の信頼を失った時に受けるダメージも大きくなりますので，顧客とのリレーションやデータの収集，フィードバックなど，付加価値を継続的に高めていけるような体制の構築が必要不可欠になっています．

（5）XaaS

ビジネスは，モノからコトへと流れていますが，それを象徴しているのがXaaSです．XのところにモビリティのMが入るMaaSや，ソフトウェアのSが入るSaaSがよく知られていますが，要は，すべてがサービスとして（as a service）提供されるビジネスを意味しています．その背景には，ソフトウェアがクラウドで提供されるようになったことがありますが，いずれにしても，多くの企業は，モノ単体，ソフト単体の売り切りビジネスからサービスビジネスへシフトしていくものと考えられます．

（6）変化するビジネスの生態系

個々のビジネスというよりも，産業全体に関わる新しい潮流として，ビジネスの生態系が根本的に変わっていくものと考えられます．ビジネスの生態系とは，ビジネスにおける企業や産業の連鎖の体系です．生産から物流，消費に至るビジネスの過程には，数多くの企業が関係し，連鎖しています．一般的には，サプライチェーンとか，バリューチェーンとも言われますが，これまでの連鎖がいわば直線的に一方向に流れていくものであったのに対し，これからの企業

連鎖は網の目状に，かつ双方向に流れていくものと考えられます．大企業の下に，中小企業がピラミッド的に連なる，いわゆる下請け構造も，徐々に解消に向かっていくでしょう．

さて，パーソナライゼーションから新たなビジネスの生態系まで，産業とビジネスのこれからについて述べてきましたが，その方向性について具体的なイメージをつかめていただけたでしょうか．ただ，環境変化の特徴で指摘したように，世の中は急速に変化しています．したがって，これからどんなビジネスやビジネス・モデルが登場してくるのか，全く予断を許しません．しかし，そういう時代だからこそ，ビジネスチャンスは誰にでもあると言えるのではないでしょうか．

ま　と　め

今，私たちが生きている21世紀初頭は，すべてが再定義される時代といっていいでしょう．そして，何度も繰り返しますが，その背景にはテクノロジーの目覚ましい発達があります．今や，テクノロジーが，ビジネスだけでなく教育，暮らし，そして社会のあり方自体を根本的に変えつつあります．

例えば，筆者が長年勤めた銀行も，その定義が問い直されています．テクノロジーは，従来のような店舗中心の銀行営業からネットバンキング，モバイルバンキングへのシフトを加速しています．キャッシュレスの流れが強まれば，将来的にはATMすらなくなっていく可能性もあります．銀行の中核業務である貸出に関しても，AIが審査するようになる可能性を否定できません．

そして，銀行ビジネスが再定義を迫られるその先にあるのは，マネーの再定義です．フェイスブックが発行を検討している仮想通貨リブラが，各国の政府や中央銀行から強い反発を受けているのも，リブラがマネーの再定義につながりかねないからです．しかし，リブラの行方がどうあれ，デジタライゼーションが進む世界で，マネーの定義だけが変わらずに済むとは到底思えません．

いずれにしても，これから皆さんは，社会の大変革期のど真ん中で，ビジネスの世界に身を投じていくことになります．そこで最後に，未来のビジネスマンに多少のアドバイスを差し上げて本章を締めくくりたいと思います．

　まず最初に，これからの時代は常にベータ版が走り続けると思っておいて下さい．ベータ版とは，簡単に言えば，完成品になる前の試用品という意味です．つまり，製品であれ，サービスであれ，ビジネスであれ，永遠に完成することなく，常に変化し続ける時代，終わりなきアップデートの時代になるということです．

　常に変化し続けるという意味は，言葉を変えれば，正解は一瞬のことでしかないということです．つまり，これから皆さんは，正解なき世界で戦っていかなければならないのです．

　さて，そうなると皆さんには何が求められるでしょうか．オリジナリティやコミュニケーション力，あるいはリーダーシップといったものも，当然に求められる要素の一つでしょう．しかし，正解なき時代には，とにかく自分の頭で考え，トライアル＆エラーを重ねて，経験値を高めていくしかありません．失敗を恐れて動かないのが最悪です．歳を重ねるごとに，失敗に対する恐怖は増していきますが，それは逆に言うと，若いうちにこそ失敗を重ねておくべきということなのです．まして，これからは人生100年時代です．若い時にどれだけ失敗したかが，後々の人生の価値を決めることになるでしょう．

　これからの時代，ビジネスの方程式に絶対の解はなくなり，方程式も変化し続けます．テクノロジーはすべてをフラット化し，企業と消費者の関係も，企業と従業員の関係も，より対等になっていきます．そして，世界と地域はさらにつながりを深め，世界のビジネスの変化は，瞬時に地域に伝播するでしょう．地域は，世界の動向と決して無縁ではないのです．

　これまでの常識は，その多くが非常識になっていきます．若い皆さんこそ，偏見や思い込みにとらわれず，すべてを白紙から創っていって下さい．

　そして，常に自分を棚卸し，自分の立ち位置を確認するよう努めて下さい．人生は長い．皆さん自身が，常に変わり続ける存在でいてほしいと思います．

索　引

《執筆者紹介》 五十音順，＊は編著者

岡本　隆　愛媛大学社会共創学部産業マネジメント学科教授（第11章）

岡本直之　愛媛大学社会共創学部産業マネジメント学科教授（第7章）

＊折戸洋子　愛媛大学社会共創学部産業マネジメント学科准教授（第10章）

川口和仁　愛媛大学社会共創学部産業マネジメント学科教授（第6章）

＊崔　英靖　愛媛大学社会共創学部産業マネジメント学科教授（第2，3，4章）

徐　祝旗　愛媛大学社会共創学部産業マネジメント学科教授（第8章）

曽我亘由　愛媛大学社会共創学部産業マネジメント学科教授（第6章補論）

園田雅江　愛媛大学社会共創学部産業マネジメント学科准教授（第4章補論）

谷本貴之　愛媛大学社会共創学部産業マネジメント学科准教授（第9章）

西村勝志　愛媛大学社会共創学部産業マネジメント学科教授（第5章）

廣垣光紀　愛媛大学社会共創学部産業マネジメント学科准教授（第9章補論）

山口信夫　愛媛大学社会共創学部産業マネジメント学科准教授（第1章）

＊山崎正人　愛媛大学社会共創学部産業マネジメント学科教授（第12章）

《編著者紹介》

崔　　英靖（さい　ひでのぶ）
愛媛大学社会共創学部産業マネジメント学科教授，博士（経営学）（大阪市立
大学）
「レストラン情報を巡るビジネスモデルの変化」『Journal of Ehime Manage-
　　ment Society』2，2018，pp.13–21.
"Analysis of Competitive Factors of Recent Restaurant Information Services
　　in Japan," Proceedings of the 4 th Multidisciplinary International Social
　　Networks Conference, Article No. 21, 2017.

山崎正人（やまさき　まさと）
愛媛大学社会共創学部産業マネジメント学科教授
一橋大学経済学部卒業後，株式会社伊予銀行入行．ニューヨーク支店長，資金
証券部長，東京支店長，常務取締役等を歴任．2011年 株式会社いよぎん地域
経済研究センター社長に就任し，地域経済の調査研究に携わる．2016年より現
職．

折戸洋子（おりと　ようこ）
愛媛大学社会共創学部産業マネジメント学科准教授，博士（商学）（明治大学）
「草の根型医療情報化：医師および患者による クチコミ情報の発信・共有と共
　　感型コミュニティ形成」『日本情報経営学会誌』37（2），2017, pp. 11–27.
共著「参加型監視環境の自己同一性への影響：「解離」現象を題材にして 」『経
　　営情報学会誌』24（4），2016, pp. 263–270.

新時代の経営入門
――進化するマネジメント――

2020年 3 月25日　初版第 1 刷発行　　＊定価はカバーに
　　　　　　　　　　　　　　　　　　　表示してあります

　　　　　　　　　　　　崔　　　英　靖
　　　　編著者　　　　山　崎　正　人 ©
　　　　　　　　　　　　折　戸　洋　子

　　　　発行者　　　　植　田　　　実

発行所　株式会社　晃　洋　書　房

〒6150026　京都市右京区西院北矢掛町 7 番地
電話　075(312)0788番(代)
振替口座　01040-6-32280

装丁　野田和浩　　　　印刷・製本　西濃印刷㈱
ISBN 978-4-7710-3342-9